100 fiches

pour comprendre le droit du numérique

2e édition

Ouvrage rédigé par

Mickaël Le Borloch
Docteur en droit,
avocat au barreau de Rouen

dirigé par
Laurence Brunel

Bréal by Studyrama

Mise en page : Alain Béthune

Relecture : Marie-Noëlle Garnier

ISBN : 978 2 7495 5234 7

Avant-propos

«*Code is law*» (« Le code est la loi »). Cette citation de Lawrence Lessig s'inscrit dans le mythe techniciste des années 1990 et début 2000, qui a été reprise en France par l'expression «la solution est dans la machine». Elle retient que le numérique ne donne pas prise au droit mais qu'il introduit lui-même sa propre réglementation grâce à son code auquel on ne saurait échapper.

En outre, les années 1990 sont marquées par un discours selon lequel Internet est un espace de liberté auquel le droit ne doit pas s'appliquer. De nombreuses condamnations tombent, impliquant souvent des adolescents dont la responsabilité civile et pénale est engagée pour le téléchargement de quelques chansons, voire pour la mise à disposition de serveurs sur lesquels sont reproduits des contenus illicites (*cf.* notamment l'affaire Laetitia Halliday dans laquelle une photographie de la star avait été copiée sur un serveur sans que son jeune propriétaire soit au courant). Cette pluie de sanctions qui s'appliquaient à des personnes donnant, très souvent, et à titre gratuit, leur temps, leur argent et leur matériel afin de participer au développement de l'Internet, s'avérait de plus en plus populaire et plaidait en faveur de l'absence d'application de la loi à l'Internet et au numérique. De plus, il y avait l'idée selon laquelle Internet, n'étant pas lié à un État, ne donnait pas prise à l'application du droit.

Cependant, le droit s'applique aux relations interpersonnelles. Nous rappellerons à ce titre l'histoire de Robinson Crusoé auquel le droit ne s'applique pas tant qu'il est seul sur son île. L'émergence du droit n'est que la conséquence du débarquement de Vendredi sur l'île qui marque la naissance d'une relation interpersonnelle entre Robinson et Vendredi. Le droit est donc lié aux relations interpersonnelles. Or, le réseau Internet met en relation des individus à travers le monde. Il est par définition l'espace des relations interpersonnelles. Par voie de conséquence, le droit a vocation à s'appliquer à l'Internet et à tout support numérique s'inscrivant dans une dimension de partage (lucratif ou non).

Certains auteurs se sont par conséquent demandé si le principe n'avait pas été inversé et si la loi ne définissait pas le codage («*Law is code*»). En effet, que ce soit outre-Atlantique avec notamment le *Digital Millenium Copyright Act* (DMCA), ou en Europe avec la directive e-commerce, le marché numérique européen, la répression du terrorisme en ligne, les différentes infractions en ligne, la procédure pénale partiellement dématérialisée, la réglementation des nouvelles technologies, etc., on est en droit de se demander si ce n'est pas la loi qui détermine le codage et donc le fonctionnement du numérique.

La vérité semble se trouver quelque part entre les deux. Il est en effet impossible de réglementer efficacement le numérique sans comprendre son fonctionnement. Le numérique doit néanmoins respecter la loi. Il y a donc un mouvement dialectique entre le droit et le codage. Cette dialectique va jusque dans les modalités de l'application de la loi. À ce titre, l'application du droit au numérique fait penser au système des *Vigilantes* de l'époque du Far West lorsque les États de l'Ouest américain – encore balbutiants et peu organisés – confiaient à des groupes privés le soin de contrôler l'application de la loi. Aujourd'hui, ces groupes privés sont constitués par les GAFAM (Google, Apple, Facebook, Amazon et Microsoft) auxquels les législateurs européens et américains laissent le soin d'appliquer leurs droits nationaux.

Certains auteurs prophétisent même que le numérique ne sera un jour plus seulement objet de droit mais également sujet de droit. Ces auteurs ont à l'esprit des robots qui, dans un futur plus ou moins lointain, pourraient avoir une intelligence artificielle suffisamment développée pour bénéficier de droits. Cette solution reste impossible en l'état actuel de la législation, qui ne confère de droits qu'aux êtres vivants. On pourrait l'imaginer cependant pour des robots comme l'enfant robot David dans le film *Intelligence artificielle* de Spielberg, mais cela nécessiterait une révolution technique et légale que nous ne voyons pas venir.

Loin de faire des prophéties, le présent ouvrage entend exposer de façon claire et synthétique le droit du numérique alors que les relations entre les individus se sont numérisées en 2020 avec la survenue de la COVID-19.

L'auteur

Sommaire

PARTIE I - Le droit international privé : de nouveaux défis pour un droit pensé pour le monde analogique

PARTIE II - Les libertés fondamentales et le numérique

PARTIE III - Le droit civil : la difficulté de conclure des contrats et de prouver dans un univers dématérialisé

PARTIE VIII - Le droit des marques : de nouvelles sources de confusion

PARTIE IX - La réglementation des prestataires techniques de l'Internet

PARTIE X - Le droit des données personnelles et le règlement général sur la protection des données (RGPD)

PARTIE I

Le droit international privé : de nouveaux défis pour un droit pensé pour le monde analogique

L'Internet est devenu un thème médiatique focalisant les espoirs d'un avenir radieux et les craintes de ses dangers. Il s'agit avant tout d'un espace d'interaction humaine et par conséquent soumis aux règles de droit. L'une des particularités d'Internet réside dans sa soumission à plusieurs juridictions et à plusieurs systèmes juridiques. Des règles permettent néanmoins de cibler les juridictions et règles applicables à un site.

1 Le choix du juge en matière de litiges extracontractuelle sur Internet

Le droit français établit une distinction entre les litiges contractuels et extracontractuels. Les premiers ont pour origine la violation d'un contrat alors que, dans les litiges extracontractuels, aucun contrat ne liait les parties avant la survenance du fait litigieux. Les règles applicables divergent profondément.

1) Les règles classiques

En matière de litiges extracontractuels, l'Union européenne (règlement Bruxelles I *bis* du 12 décembre 2012) et donc la France ont adopté le principe selon lequel est compétent le tribunal du lieu de domicile du défendeur. Les juges se fonderont sur des indices comme le domicile d'une personne physique – ce qui sera *a priori* relativement facile à déterminer – ou le lieu principal de l'activité d'une société – c'est-à-dire son siège pour une société ou une association.

Le droit français a même adopté un régime favorable aux demandeurs voulant intenter un procès à une personne morale. Cette théorie est dite des « gares principales ». Le demandeur peut saisir tout tribunal compétent pour l'adresse d'un établissement, d'une succursale ou d'une agence dirigée par un agent supérieur qui la représente, et qui peut l'engager et conclure des contrats en son nom avec des tiers. Ce principe permet par exemple de saisir le tribunal compétent pour l'adresse d'une succursale alors même que le demandeur aurait contracté directement avec la direction.

En matière extracontractuelle il est également possible d'appliquer la *lex loci delicti*, c'est-à-dire la loi applicable sur le lieu où la violation de la loi a été commise ou encore le lieu où le préjudice a été subi. Ces notions sont d'application hasardeuse sur Internet étant donné qu'il s'agit, par définition, d'un réseau accessible partout dans le monde.

Ces règles s'avèrent sans doute globalement satisfaisantes dans le monde analogique, mais elles perdent en pertinence lorsqu'elles sont appliquées à l'espace commun qu'est l'Internet.

2) Les règles spécifiques à l'Internet

En effet, de nombreux sites Internet se trouvent à l'étranger et par conséquent hors du champ de compétence territorial du juge français. Dès lors, le principe de compétence du tribunal du lieu du défendeur a pour conséquence d'obliger les internautes français à saisir les juridictions étrangères dans de nombreux cas. Cela engendre des difficultés substantielles en termes de coûts et de complexités juridiques (découverte d'un nouveau système juridique, incompréhension, problèmes linguistiques). Pire, certains pourraient vouloir s'installer dans des « paradis numériques » » (il en serait allé de même si le critère du lieu d'émission avait été retenu) où leur responsabilité ne pourrait être engagée devant un tribunal. Le régime traditionnel s'avère donc insatisfaisant lorsqu'il est appliqué à l'Internet dès lors que l'on considère qu'il ne s'agit pas d'un espace de non-droit.

Dans ces hypothèses, les demandeurs peuvent saisir le juge compétent sur le fondement d'une autre théorie juridique. Il sera notamment possible de saisir le juge compétent du lieu où le dommage a été subi dès lors que le site Internet y est accessible (ce qui sera *a priori* très souvent le cas). En effet, dès lors que le site Internet est accessible depuis le lieu où se trouve le juge et qu'un préjudice y est subi, la juridiction sera compétente (CJUE, 3 octobre 2013, aff. C-170/12, Pinckney c. KDG Mediatech AG). Cela permet aux demandeurs européens de saisir la juridiction la plus proche de chez eux et de faire respecter l'État de droit au sein de l'Union européenne. L'hypothèse se vérifiera ainsi lorsqu'un site Internet contient une contrefaçon et que l'auteur subit un préjudice en France, ou encore si la cible d'une insulte voit son image atteinte sur le territoire français, etc.

En somme, les demandeurs peuvent saisir le juge de leur convenance sur le fondement de plusieurs théories :

– **le lieu du domicile du défendeur**, sachant que la théorie des gares principales permet une compréhension large de la notion ;
– **le lieu où le préjudice a été subi** dès lors que le **site Internet est accessible**.

Les demandeurs auront le choix entre les deux théories et pourront par conséquent saisir le tribunal compétent qu'ils souhaitent. Cela permettra de rendre la justice un peu plus proche des justiciables.

2 Le choix du juge en matière de litiges contractuels

Les litiges contractuels sont les différends ayant pour fondement une violation – alléguée ou réelle – d'un contrat.

Le droit français permet de saisir le juge compétent pour le lieu ayant un lien de rattachement avec le litige. Cela assure une meilleure prévisibilité pour les parties, ce qui est préférable en matière contractuelle. Il convient de distinguer entre les règles par défaut (1) et le choix du tribunal compétent (2).

1) Les règles par défaut

Au sein de l'Union européenne, l'article 7 du règlement n° 1215/2012 du 12 décembre 2012 concernant la compétence judiciaire, la reconnaissance et l'exécution des décisions en matière civile et commerciale – applicable en droit français – énonce une série de critères. Sont notamment retenus :

- le lieu d'exécution de l'obligation servant de base à la demande ;
- le lieu de fourniture d'un service (le lieu de fourniture du service sera celui où les données sont reçues) – cette solution est confirmée par le règlement européen du 7 octobre 2013 qui dispose que les fournisseurs de services en ligne se trouvent assujettis à la TVA du preneur du service.

Afin de déterminer quels sont les lieux visés par ces deux critères, plusieurs facteurs peuvent être pris en considération, comme le contenu du site (langue utilisée, monnaie utilisée, etc.), le type de domaine Internet utilisé ou encore le recours à la publicité. Il s'agit du critère dit de la focalisation applicable sur Internet. Le juge du lieu visé par l'émetteur des données est ainsi compétent pour connaître le litige dès lors que l'émetteur a eu l'intention de « cibler des membres du public établis » dans l'État.

En tout état de cause, le simple accès à un contenu ne suffira pas pour que le juge du lieu où le contenu est accessible soit compétent.

Le problème de l'approche actuelle réside dans le fait que la théorie de la focalisation s'avère imprévisible et que les indices ne sont pas toujours probants.

2) Le choix du tribunal compétent

Outre les règles de compétences par défaut, **le droit français permet de choisir une loi compétente** par l'introduction dans le contrat d'une clause dite « attributive de juridiction ». Le recours à une telle clause pourra s'avérer particulièrement pertinent pour les propriétaires de sites Internet lorsqu'ils proposent, notamment, des conditions générales. En effet, ils pourront déterminer en amont la juridiction compétente en cas de litige avec un créateur de lien.

Un autre élément de complexité réside dans le droit de la consommation en Europe. En effet, certains internautes pourront conclure des conventions en qualité de consommateurs. Il en ira ainsi notamment lorsqu'un blogueur conclut une convention avec un site pour établir des liens le pointant. La jurisprudence française rejetait traditionnellement la validité de clauses attributives de juridiction aux consommateurs. La solution a été réitérée dans l'arrêt Amazon rendu par la Cour de justice de l'Union européenne. Cette solution doit être approuvée dans la mesure où elle renforce la protection des consommateurs, mais elle sera source d'insécurité juridique pour les propriétaires de sites qui ne savent pas toujours s'ils concluent avec des professionnels ou avec des consommateurs (en effet, les contrats sont, techniquement, conclus uniquement entre deux adresses IP qui ne permettent pas de déterminer si l'internaute agit en tant que professionnel ou en tant que consommateur).

3 Le choix du juge en matière d'hyperlien

Les hyperliens posent des questions nouvelles au juriste étant donné qu'il s'agit du premier élément complètement dématérialisé. En effet, un site Internet, une chanson sur format numérique, une image, etc., ne sont que des adaptations numériques de créations initialement analogiques.

1) L'application de la règle classique : la compétence du domicile du défendeur

Il est possible de saisir le tribunal compétent pour le lieu du domicile du défendeur. Il faut donc que le défendeur soit chez lui dans l'État saisi.

Les juges se fonderont sur des indices comme le domicile d'une personne physique ou le lieu principal de l'activité d'une société. Il sera par conséquent possible de poursuivre le créateur d'un lien soit devant le juge compétent pour le domicile du défendeur compétent soit devant celui du lieu d'établissement de la société défenderesse (notion qui rend compétent tout tribunal compétent pour l'adresse d'un établissement, d'une succursale ou d'une agence dirigés par un agent supérieur qui la représente, et qui peut l'engager et conclure des contrats en son nom avec des tiers).

2) L'application des autres règles de compétence en matière contractuelle

Le règlement de Rome impose aux juges de retenir leur compétence lorsque la saisine du tribunal assure :

– la « bonne administration de la justice » ;

– une « organisation utile du procès ».

Il en ira ainsi notamment lorsqu'une juridiction est la « mieux à même d'apprécier le bien-fondé de l'atteinte alléguée » (CJCE, 25 octobre 2011, C-509/09 et C-161/10, eDate Advertising GmbH c. X, Olivier Martinez, Robert Martinez, MGN Limited). Ce dernier critère inclura le lieu d'exécution de l'obligation portant sur l'établissement d'un lien vers un site.

Dès lors, sera compétent le juge ayant un point de rattachement pertinent eu égard aux relations sociales que le contrat implique.

Outre les règles de compétences par défaut, le droit international privé européen permet aux parties d'élire un tribunal compétent. Les conventions relatives à l'autorisation de créer un lien peuvent donc contenir une clause attributive de juridiction. Le recours à de telles clauses pourra s'avérer particulièrement pertinent pour les propriétaires de sites Internet lorsqu'ils proposent des conditions générales comportant des dispositions obligatoires en matière de création d'hyperlien. En effet, ils pourront déterminer en amont la juridiction compétente en cas de litige avec un créateur de liens.

Cependant, les clauses d'élection de juridictions ne sont pas opposables aux consommateurs. L'article liminaire du Code de la consommation définit le consommateur comme la personne agissant à des fins qui n'entrent pas dans le cadre de son activité commerciale, industrielle, artisanale, libérale ou agricole. Ainsi, dans une ordonnance rendue par le tribunal de grande instance de Paris du 5 mars 2015, il a été retenu que la clause des conditions générales comportant des dispositions obligatoires en matière de création d'hyperliens. Concrètement, cela signifie que l'utilisateur de Facebook entrant dans la qualification de consommateur pourra saisir le tribunal de son domicile à l'encontre de la firme américaine.

3) L'application des autres règles de compétence en matière extracontractuelle

Dès lors que le site Internet est accessible depuis le lieu où se trouve le juge et qu'un préjudice y a été subi, la juridiction sera compétente. Cela permettra aux demandeurs européens de saisir la juridiction la plus proche de chez eux et de faire respecter l'État de droit au sein de l'Union européenne. La solution européenne présente une faiblesse importante en ce qu'elle rend un nombre considérable de juridictions compétentes, ce qui a pour corollaire une diminution de la sécurité juridique des créateurs de liens.

4 Le choix de la loi pénale

Le droit pénal implique l'ordre public d'un pays et justifie donc l'appropriation du litige par le juge national. Le droit pénal français se considère comme étant compétent dans deux situations :

- l'infraction est commise sur le territoire national ou depuis un site visant le public français ;
- l'infraction est commise par un Français ou un Français est victime (sous certaines conditions).

Ces principes doivent être adaptés à la vie en ligne.

1) L'infraction réputée commise sur le territoire national ou depuis un site visant le public français

À l'inverse de la responsabilité civile, lorsqu'une infraction est commise en ligne et que le site est **accessible depuis le territoire français**, l'auteur pourra solliciter l'application de la loi française. Le critère de territorialité est donc adapté pour devenir un critère d'accessibilité depuis le territoire national.

Ainsi dans l'affaire UEJF, Ligue contre le racisme et l'antisémitisme c. Yahoo (TGI Paris, ordonnance de référé, 11 août 2000), le tribunal n'a pas hésité à appliquer la loi française à un site proposant, entre autres, la mise aux enchères d'objets nazis. La vente d'objets nazis étant réprimée en droit français, Yahoo a été condamné[1]. En conséquence, dès lors qu'un site est accessible depuis le territoire français, le droit pénal français a vocation à s'appliquer.

En outre, lorsqu'un seul élément de l'infraction est commis en France, le droit pénal français aura vocation à s'appliquer. À titre d'exemple, si un contrefacteur met à disposition des contrefaçons en France alors qu'elles sont stockées à l'étranger, l'unique point de rattachement avec la France (c'est-à-dire de lien rattachant le dossier au territoire français) rendra le juge français compétent.

Le droit pénal français sera également compétent, que la mise en ligne ait eu lieu depuis la France ou depuis l'étranger, et même si les actes de contrefaçon sont commis à l'étranger, dès lors que **l'infraction vise le public français**.

Il s'agit du même critère de focalisation déjà vu pour les règles de compétence du juge. Il convient donc de contrôler la langue employée, la monnaie utilisée, le type de domaine Internet adopté, le recours à la publicité, etc., afin de déterminer si le site Internet vise le public français.

---

1 La solution aurait été différente avec l'entrée en vigueur de la directive e-commerce qui applique le régime de l'hébergeur à Yahoo dans les conditions précisées dans la partie IX.

2) Le droit pénal français compétent lorsqu'un internaute est français

La loi française est compétente dès lors qu'un Français commet un crime à l'étranger (article 113-6 du Code pénal). La notion de crime se définit en fonction de la sanction de l'infraction : plus de dix ans de prison. Dès lors, un Français coupable d'un viol à distance en ligne pourra être jugé par un juge français sur le fondement de la loi française, même si l'infraction n'a pas été commise sur un site Internet visant le public français. Un Français pourra également être sanctionné par la loi française s'il commet une infraction considérée comme un délit (c'est-à-dire une infraction punie au plus de dix ans de prison) à condition que la loi du pays où l'infraction est commise sanctionne également l'acte. Il en irait ainsi, par exemple, de l'infraction de contrefaçon du droit d'auteur (qui, étant punie de trois ans d'emprisonnement, est un délit) et qui est sanctionnée dans la très grande majorité des États conformément à la Convention de Berne pour la protection des œuvres littéraires et artistiques.

La loi française est également applicable à tout crime ou délit dont la victime est de nationalité française (article 113-7 du Code pénal). La victime française d'insultes en ligne pourra donc voir sanctionnée la personne à l'origine de ces propos.

La loi pénale française sera également applicable en cas de refus d'extradition de l'État français (il en va ainsi, notamment, lorsque la peine encourue à l'étranger est contraire à l'ordre public français comme la peine de mort, ou lorsque les garanties d'un procès équitable ne sont pas assurées).

Cependant, personne ne pourra être jugé en France après une condamnation dans un pays étranger.

5 Le choix de la loi applicable en matière de responsabilité contractuelle

La loi civile recouvre les responsabilités contractuelle et extracontractuelle. Alors que, pour les situations contractuelles, il convient d'assurer une forme de prévisibilité aux parties – partant du principe que le contrat constitue un outil de prévisibilité dans les relations entre les parties –, la responsabilité extracontractuelle vise à assurer l'indemnisation la plus juste possible à la victime. La différence d'approche philosophique entre les matières se trouve floutée par la confrontation à l'univers numérique.

1) La liberté dans le choix de la loi applicable

Nous avons vu que les parties à un contrat peuvent, à moins d'agir en qualité de consommateurs, choisir le juge compétent. Il en va de même en matière de choix de la loi applicable. Il s'agit là du principe dit de la loi d'autonomie permettant aux parties de choisir la loi applicable à leur contrat (article 3 du règlement Rome I).

Les parties peuvent par conséquent choisir d'appliquer à leur contrat la loi française ou une autre (de nombreux contrats internationaux optent pour la loi anglaise), ce qui a par ailleurs constitué l'un des objectifs du législateur français en 2016 lors de la réforme du droit des obligations qui entendait rendre le droit français des contrats plus attractif. Il est même possible de «dépecer» le contrat en appliquant plusieurs lois à des articles différents du contrat. Les parties jouissent par conséquent d'une grande liberté dans le choix de la loi qui leur est applicable.

En matière de commerce électronique s'est posée la question de savoir si les conditions générales pouvaient déterminer une loi applicable face à un consommateur. Les conditions générales de Facebook avaient pu choisir l'application de la loi californienne. Cependant, le règlement Rome I prévoit que la loi du pays où le consommateur a sa résidence est applicable si le commerçant exerce son activité dans le pays dans lequel se trouve le consommateur ou dirige son activité vers ce pays par tous moyens. Ce choix ne peut, en tout état de cause, priver le consommateur de la protection que lui assurent les dispositions auxquelles il ne peut être dérogé.

2) Les règles en vigueur en l'absence de choix express de la loi applicable

À défaut de choix de la loi applicable – ce qui constituerait une erreur de la part des cocontractants –, la Convention de Rome désigne «la loi du pays avec lequel le contrat présente les liens les plus étroits». Sera ainsi applicable la loi du pays où la partie qui doit fournir la **prestation caractéristique du contrat** a, au moment de la conclusion du contrat, sa **résidence habituelle** ou son administration centrale pour une personne morale.

Outre ces principes, des règles spéciales ont été posées :

- en matière de contrat de vente, est applicable la loi de la résidence habituelle du vendeur – un contrat conclu en ligne portant sur la vente d'une chose se verra donc appliquer, à défaut de choix des parties, la loi du lieu de résidence habituelle du vendeur ;
- en matière de contrat de prestation de service, est applicable la loi de la résidence habituelle du prestataire – un contrat conclu en ligne portant sur la fourniture de prestations de service se verra appliquer, à défaut de choix des parties, la loi du lieu de résidence habituelle du prestataire.

Le droit international vient poser des règles spéciales afin de protéger les parties considérées comme faibles que sont les consommateurs et les salariés.

En effet, en matière de contrat de consommation, le principe est celui de l'application de la loi du pays où le consommateur a sa résidence habituelle, à condition que le professionnel exerce son activité dans le pays de résidence du consommateur ou qu'il dirige cette activité vers ce pays. Une publicité reçue dans un État ne suffira pas à retenir la compétence de la loi du pays où elle est accessible.

En conséquence, les conditions générales d'un site Internet se verront appliquer la loi française dès lors que l'utilisateur est un consommateur et que le site Internet dirige son activité vers la France. Cette solution, protectrice du consommateur, renforce l'accès au droit pour des litiges dont les montants sont souvent peu importants.

En tout état de cause, l'application d'une loi à un contrat de consommation ne peut priver le consommateur de la protection des dispositions impératives de la loi du pays dans lequel il a sa résidence habituelle. L'Union européenne ayant harmonisé, grâce à la directive 2011/83/UE, le droit de la consommation dans les États membres, le risque de violation des règles impératives au sein de l'Union européenne se trouve limité.

Enfin, les **salariés**, considérés comme la partie faible au contrat de travail, bénéficient d'une protection spécifique en matière de choix de la loi applicable au contrat de travail. En effet, si les parties **peuvent choisir la loi applicable au contrat** de travail, elles **ne peuvent priver le salarié du niveau de protection que lui procurerait la loi objectivement applicable**. Le juge éventuellement saisi devra donc exercer un contrôle de l'équivalence des protections entre le régime choisi et celui offert par la loi objectivement applicable. La loi objectivement applicable est celle du pays où le salarié accomplit habituellement son travail (cela a pour effet de priver de tout effet le détachement du salarié à l'étranger).

6 Le choix de la loi applicable en matière de responsabilité extracontractuelle

En matière de responsabilité extracontractuelle – c'est-à-dire pour les litiges n'impliquant pas la violation alléguée d'une obligation contractuelle –, le principe est celui de la *lex loci delicti*, c'est-à-dire de la compétence de la loi du lieu où s'est produit le dommage.

1) Le principe de l'application de la loi du pays où le dommage survient

Conformément aux dispositions de l'article 4.1 du règlement Rome II, la loi applicable à l'obligation extracontractuelle (notamment en cas de violation d'un droit de propriété intellectuelle, de diffamation, d'acte de concurrence déloyale) est la **loi du pays où le dommage survient**. La loi du pays générateur du dommage – qui pourrait être la loi du pays d'où proviennent les données – n'a donc pas vocation à s'appliquer.

Le lieu du dommage peut être :

– celui de la connexion effective du réseau ;

– celui à partir duquel il est possible d'accéder au réseau ;

– celui spécialement visé comme destinataire par application de la théorie de la focalisation.

Cette solution peut engendrer sur Internet des conflits positifs de lois, c'est-à-dire que plusieurs lois peuvent être compétentes pour un même fait. Cette difficulté pourra être solutionnée par le recours au critère de la loi présentant des liens manifestement plus étroits.

En outre, la ou les lois applicables peuvent être étrangères à toutes les parties. Or, lorsque ces dernières ont toutes les deux le même pays de résidence, il peut apparaître plus pertinent d'appliquer la loi de ce pays. L'article 4.2 du règlement Rome I autorise l'application de la loi de l'État dans lequel la victime et l'auteur du dommage ont tous deux leurs résidences habituelles.

En matière de contrefaçon (c'est-à-dire de violation d'un droit de propriété intellectuelle), sera applicable la loi du pays pour lequel la protection est revendiquée (article 8.1 du règlement Rome II et article 5.2 de la Convention de Berne du 9 septembre 1886 sur le droit d'auteur). En conséquence, la loi française sera compétente, par exemple, lorsqu'une contrefaçon de photo est commise sur le service Google Images dès lors que le lieu où le dommage est subi se situe en France (principe de l'application de la *lex loci protectionis*).

Le droit européen présente une spécificité en matière de données personnelles. Certains parlent d'application extraterritoriale du droit européen qui s'applique au traitement de données à caractère personnel effectué dans le cadre des activités d'un établissement d'un responsable de traitement ou d'un sous-traitant sur le territoire de l'Union, que le traitement ait lieu ou non dans l'Union, aux personnes concernées par un traitement de données personnelles qui se trouvent sur le territoire de l'Union européenne et ce même si le responsable de traitement ne se trouve pas dans l'Union dès lors que l'offre de bien ou de service nécessite un paiement, un suivi des comportements ou encore si le responsable du traitement est établi sur le territoire de l'Union.

2) Le possible choix de la loi applicable

Les parties peuvent également, **après la survenance du dommage, choisir la loi applicable à leur litige**. Il est en effet possible de renoncer à un droit après sa naissance, et donc d'écarter l'application de la loi qui aurait dû s'appliquer au profit d'une autre. Le droit de la responsabilité extracontractuelle marque donc, sur cette question, une montée en puissance de l'autonomie de la volonté.

7 La reconnaissance des décisions étrangères

Il pourra être pertinent pour les justiciables de faire reconnaître une décision judiciaire, notamment lorsque le défendeur ne possède pas assez actifs dans le ressort du tribunal saisi pour faire face au paiement des dommages et intérêts. La nécessité de la solidarité internationale s'avère plus pressante avec le processus de mondialisation auquel participe l'Internet.

La France s'inscrit dans le mouvement dit du « solidarisme international » depuis 1945 et permet de donner effet, sur son territoire, à des décisions étrangères à certaines conditions (1). Les décisions émanant d'États membres de l'Union européenne sont en revanche quasi systématiquement reconnues en droit français (2).

1) La reconnaissance de décisions émanant de juges en dehors de l'Union européenne

La convention de La Haye sur les accords d'élection de for reconnaît des effets à des décisions étrangères. Pour reconnaître une décision étrangère, le juge français appliquera plusieurs critères :

- Est-ce que le juge étranger saisi était compétent pour connaître le litige ?
- Est-ce que les droits de la défense ont été respectés et est-ce que la procédure n'est pas frauduleuse ?
- Est-ce que la décision étrangère viole l'ordre public international français ?

L'ordre public international français est constitué par les normes les plus importantes pour la France. Il est donc plus restreint que l'ordre public tout court. À titre d'exemple, la GPA reste interdite en droit français, mais la France reconnaît des droits aux enfants nés d'une GPA à l'étranger. En matière de droit d'auteur, une décision – par exemple américaine – qui ne reconnaîtrait pas le droit de paternité de l'auteur sur son œuvre aurait peu de chance d'être reconnue par un juge français comme une violation de l'ordre public international.

2) La reconnaissance de décisions émanant de juges de l'Union européenne

Ces critères s'appliquent aux décisions émanant de pays membres de l'Union européenne.

En effet, le droit français est tenu d'aller plus loin que le droit américain dans la reconnaissance des jugements internationaux. L'article 39 du règlement Bruxelles 1 *bis* dispose que l'arrêt rendu dans un État membre de l'Union européenne et qui est « exécutoire jouit de la force exécutoire dans les autres États membres ». Les décisions européennes ne sont donc pas passées au crible du contrôle que nous venons d'analyser, sauf dans de rares hypothèses.

Il est ainsi possible d'obtenir une condamnation dans un pays membre de l'Union européenne et de la faire reconnaître dans tous les autres États membres. Il conviendra en pratique, pour le demandeur, de saisir le tribunal qui lui attribuera le montant de dommages et intérêts le plus important, soit le tribunal le plus facile à saisir selon ses intérêts. Par la suite, la décision ainsi obtenue – *a priori* la plus favorable au demandeur – sera reconnue dans les autres pays membres de l'Union européenne.

PARTIE II

Les libertés fondamentales et le numérique

8 Le droit d'accès à Internet

L'accès technique à Internet est assuré par la reconnaissance d'un droit d'accès à Internet.

1) L'encadrement de la Hadopi par la décision du 10 juin 2009 du Conseil constitutionnel

Dans sa décision datée du 10 juin 2009 dite Hadopi (2009-580), le Conseil constitutionnel a retenu que l'accès à Internet est nécessaire à la liberté d'expression, elle-même protégée par la Déclaration des droits de l'homme et du citoyen.

Le Conseil constitutionnel a ainsi retenu que :

Considérant qu'aux termes de l'article 11 de la Déclaration des droits de l'homme et du citoyen de 1789 : « La libre communication des pensées et des opinions est un des droits les plus précieux de l'homme : tout citoyen peut donc parler, écrire, imprimer librement, sauf à répondre de l'abus de cette liberté dans les cas déterminés par la loi ; qu'en l'état actuel des moyens de communication et eu égard au développement généralisé des services de communication au public en ligne ainsi qu'à l'importance prise par ces services pour la participation à la vie démocratique et l'expression des idées et des opinions, ce droit implique la liberté d'accéder à ces services. »

Pour le Conseil constitutionnel, la liberté d'expression au sens de la Déclaration des droits de l'homme et du citoyen implique aujourd'hui la liberté d'accéder aux services de communication au public en ligne, c'est-à-dire à Internet. Or, le développement généralisé d'Internet ainsi que l'importance que le réseau a pris pour la participation à la vie démocratique et à l'expression des idées et des opinions rendent son accès nécessaire.

Le Conseil constitutionnel a par conséquent partiellement censuré la loi prévoyant de confier à la Haute Autorité pour la diffusion des œuvres et la protection des droits sur Internet (HADOPI) des pouvoirs de sanction l'habilitant à restreindre, voire à empêcher, l'accès à Internet en coupant l'abonnement. Cela aurait eu pour effet de limiter la liberté d'expression en ligne. Or, seul un juge peut venir limiter la liberté d'expression et non pas l'autorité administrative qu'est la Hadopi.

L'objectif de la loi ainsi partiellement censurée consistait à modifier le Code de la propriété intellectuelle afin de lutter plus efficacement contre les téléchargements en ligne. La Hadopi est désormais en charge de repérer les connexions ayant servi à un téléchargement illégal et adopte une démarche dite de réponse graduée.

De surcroît, le Conseil d'État a retenu que « si "la libre communication des pensées et des opinions est un des droits les plus précieux de l'homme [...]", alors Internet est aujourd'hui l'un des instruments les plus précieux de l'un des droits de l'homme le plus précieux[2] ». À la différence du Conseil constitutionnel, qui y voit une application de la liberté d'expression, le Conseil d'État y voit un droit à part entière.

Étant donné que ni le Conseil constitutionnel ni le Conseil d'État ne distinguent entre le web classique et le « *darkweb* », et qu'en tout état de cause la Constitution ne prévoit aucune distinction, il y a lieu de retenir que l'accès à ces deux Internet est protégé, conformément à l'adage selon lequel « là où la loi ne distingue pas, il n'y a pas lieu de distinguer ».

2) La procédure devant la Hadopi

La HADOPI est saisie par les organismes de défense professionnelle régulièrement constituées, les organismes de gestion collective, et le Centre national du cinéma et de l'image animée. La saisine doit comporter une déclaration sur l'honneur selon laquelle l'auteur de la saisine a qualité pour agir au nom du titulaire de droits sur l'œuvre ou l'objet protégé. La HADOPI a notamment pour mission de lutter contre la contrefaçon en ligne.

À ce titre, la HADOPI adopte une réponse graduée. Dans un premier temps, la Hadopi envoie un courrier électronique au propriétaire de la connexion Internet rappelant les règles applicables en matière de droit d'auteur sans préciser l'œuvre ou les œuvres ayant fait l'objet d'un téléchargement illicite (la Hadopi ne vise pas les œuvres téléchargées légalement). Des précisions peuvent être demandées par le destinataire du courriel.

Dans l'hypothèse où la même connexion fait l'objet d'un nouveau repérage dans un délai de six mois à compter du premier courriel, la Hadopi enverra un nouveau courrier électronique ainsi qu'une lettre recommandée avec accusé de réception au propriétaire de la connexion Internet.

Enfin, si un troisième repérage est effectué dans le délai de douze mois à compter du premier courriel, une notification par voie postale sera envoyée au propriétaire de la connexion à Internet l'informant que les faits sont passibles de poursuites judiciaires. Le propriétaire de la connexion dispose d'un délai de quinze jours pour exposer sa défense à la Commission de protection des droits de la Hadopi. Le propriétaire de la connexion peut être convoqué ou demandé à être entendu. Il peut être représenté par une personne de son choix et notamment par un avocat. La Commission décidera soit d'abandonner les poursuites, soit de transmettre le dossier à un procureur pour enquête et, éventuellement, pour qu'un juge statue sur l'affaire.

Le propriétaire de la connexion ne sera poursuivi, *a priori*, que pour négligence caractérisée. Il lui sera par conséquent reproché de ne pas avoir veillé au bon usage de sa connexion Internet. En effet, il est souvent difficile d'apporter la preuve que le propriétaire a effectivement effectué un téléchargement : une connexion Internet est souvent partagée par les différentes personnes vivant dans le foyer, un invité peut se connecter au WIFI, un voisin peut trouver un mot de passe trop évident… Eu égard au faible enjeu, le procureur pourra prononcer une alternative aux poursuites et notamment opter pour une ordonnance pénale. La procédure consiste pour le procureur à proposer une peine

2 Conseil d'État, étude ann. 2014, *Le numérique et les droits fondamentaux*, Documentation française, septembre 2014, p. 146.

qui, si la personne poursuivie reconnaît les faits et accepte la proposition, est soumise au juge pour accord.

Le Conseil constitutionnel a ainsi permis l'établissement d'une solution équilibrée entre, d'une part, la nécessité de protéger la liberté d'expression, et, d'autre part, la protection des auteurs sur Internet. Le système devrait perdurer étant donné que, dans sa décision 2020-841 du 20 mai 2020, le Conseil constitutionnel a retenu que le législateur a assorti le droit de communication de garanties propres à assurer un équilibre entre le respect de la vie privée et l'objectif de sauvegarde de la propriété intellectuelle.

3) Le maintien d'une connexion Internet en cas d'absence de paiement des factures

La loi n°2016-1321 du 7 octobre 2016 pour une République numérique a introduit en son article 108 un service minimum d'accès à Internet.

L'article 108 dispose à ce titre qu' « en cas de non-paiement des factures, la fourniture d'énergie et d'eau, un service téléphonique et un service d'accès à Internet sont maintenus jusqu'à ce qu'il ait été statué sur la demande d'aide. Le service téléphonique maintenu peut être restreint par l'opérateur, sous réserve de préserver la possibilité de recevoir des appels ainsi que de passer des communications locales et vers les numéros gratuits et d'urgence. Le débit du service d'accès à Internet maintenu peut être restreint par l'opérateur, sous réserve de préserver un accès fonctionnel aux services de communication au public en ligne et aux services de courrier électronique ».

L'accès à Internet est par conséquent considéré comme un service essentiel dans la vie quotidienne (au même titre que le gaz et l'électricité). La loi a introduit une exécution forcée du contrat dans l'intérêt de l'internaute défaillant.

La liberté d'expression sur Internet

9

La liberté d'expression est protégée par l'article 11 de la Déclaration des droits de l'homme et du citoyen de 1789 ainsi que par l'article 10 de la Convention européenne de sauvegarde des droits de l'homme et des libertés fondamentales (1).

La liberté d'expression n'est pas illimitée et se trouve encadrée par l'article 4 de la Déclaration des droits de l'homme et du citoyen qui dispose que « la liberté consiste à pouvoir faire tout ce qui ne nuit pas à autrui » (2).

1) Le principe de la liberté d'expression

La liberté d'expression ne peut être réglementée que par le pouvoir législatif (et non par le gouvernement) et les éventuelles sanctions ne peuvent être prononcées que par un juge (et non par une administration).

Cependant, des exceptions à ce principe perdurent :

– le Conseil supérieur de l'audiovisuel (CSA) – autorité administrative – contrôle les émissions télévisées ;

– l'administration, et notamment le maire, peut interdire la sortie d'un film.

On constate cependant, notamment sous l'influence de la Cour européenne des droits de l'Homme, une montée en puissance de la liberté d'expression :

– **en matière cinématographique** : par exemple ; dans l'affaire concernant le film *Grâce à Dieu*, dans laquelle un prêtre est présenté comme pédophile, la liberté d'expression l'a emporté sur la présomption d'innocence du prêtre ;

– **en matière de création artistique** : la liberté de création artistique, et donc d'expression, l'emporte dans l'affaire Klasen. Dans ce litige, M. Klasen considérait que l'insertion non autorisée de photographies originales poursuivait un but critique et relevait de sa liberté créatrice. La Cour de cassation a effectué une mise en balance des intérêts du titulaire du droit d'auteur avec la liberté de création de l'artiste et a rejeté la demande fondée sur la contrefaçon de droit d'auteur.

2) Les limites à la liberté d'expression

La liberté d'expression ne peut être encadrée que de façon proportionnée dans le cadre d'un contrôle de proportionnalité. De surcroît, la loi de 1881 sur la liberté de la presse constitue l'unique réceptacle des règles venant encadrer la liberté d'expression. Les citoyens bénéficient par conséquent d'un double niveau de protection de la liberté d'expression. Il n'est donc pas possible d'arguer de la simple existence d'un préjudice dû à l'expression d'une idée. Il est nécessaire, pour obtenir la condamnation de la personne ayant exprimé un message, de respecter ces deux critères.

En conséquence, et sous réserve d'un contrôle de proportionnalité effectué au cas par cas, la loi de 1881 vient poser des limites et notamment :

- **La diffamation** : la diffamation, assez courante sur Internet et qui constitue environ 80 % des délits dits de presse en France, est constituée par une allégation ou l'imputation d'un fait portant atteinte à l'honneur et à la considération d'une personne. La diffamation peut être raciste, sexiste ou homophobe. Il est nécessaire qu'une personne précise, qu'elle soit physique ou morale, soit attaquée (à ce titre, une attaque contre les avocats ne constituerait pas un acte de diffamation en ce qu'elle serait trop générale). La cible de la diffamation doit être vivante (à défaut, le délit n'existe que si l'auteur a eu l'intention véritable et prouvée de porter atteinte à l'honneur ou à la considération des ayants cause vivants (ce qui a été le cas dans l'affaire dite Grégory[3]). Les ayants droit peuvent user du droit de réponse. Dans l'affaire dite Fanfan la Tulipe, la critique avait écrit qu'il s'agissait d'une « canonnade de plaisanteries de comptoirs évidemment racistes », « d'épaisse connerie », de « nullité xénophobe ». La chambre de la presse a retenu que l'attaque visait l'œuvre et non pas l'auteur. L'atteinte à l'honneur et à la considération s'interprète de façon **objective**.

Réseaux sociaux et discrédit

Une jeune femme voulait se venger de son ex-amant et de son ex-concubin qui l'avaient tous les deux quittée. La jeune femme avait utilisé l'identité de l'ex-amant et créé plusieurs profils sur des réseaux sociaux ainsi que des pages Facebook visant à le discréditer. Elle harcelait le second depuis leur rupture par des messages haineux et faisait de même avec son entourage.
La cour d'appel de Paris a pris en compte le nombre et le contenu des articles publiés et a ordonné le retrait des contenus.

- **L'injure** : l'injure est une parole, un écrit, une expression quelconque de la pensée adressée à une personne dans l'intention de la blesser ou de l'offenser. L'injure sera sanctionnée plus durement si elle est publique. À ce titre, les injures commises sur des réseaux sociaux sont plus durement sanctionnées si la page est accessible au public ou aux amis des amis, voire à un nombre important « d'amis », car il s'agira, dans ces hypothèses, d'injures publiques.

TGI Paris, 27 avril 2006

Constitue une injure le fait de présenter une société comme une association de malfaiteurs.

Prud'hommes de Boulogne-Billancourt, 19 novembre 2010

Un salarié mécontent poste une injure à l'encontre de son employeur. L'employeur avait produit une capture d'écran d'un commentaire accessible pour les amis des amis étant donné que ce mode d'accès dépasse la sphère privée.
Le salarié a abusé de sa liberté d'expression (l'interdiction est proportionnée à ses droits et à ses libertés individuelles et justifiée par la nature de la tâche à accomplir et proportionnée au but recherché).

3 Cass. civ. 2e, 23 septembre 2004, SNC Hachette Filipacchi Associés, Couderc c. M. Laroche, Mme Bolle.

Le législateur a créé, dans la loi du 20 mars 2017, le délit d'entrave à l'interruption volontaire de grossesse sur Internet. Ce délit sanctionne le fait d'empêcher ou de tenter d'empêcher de pratiquer ou de s'informer sur une interruption volontaire de grossesse par tous moyens (y compris par voie électronique ou en ligne), notamment par la diffusion ou la transmission d'allégations ou d'indications de nature à induire intentionnellement en erreur, dans un but dissuasif, sur les caractéristiques ou les conséquences médicales d'une interruption volontaire de grossesse. Les pressions morales et psychologiques, les menaces ou actes d'intimidation sont sanctionnées. Les prévenus risquent une peine de prison pouvant aller jusqu'à deux ans d'emprisonnement et une peine d'amende de 30 000 euros.

LES *FAKE NEWS*

L'article L. 163-2 du Code électoral vise les *fake news* « diffusées de manière délibérée, artificielle ou automatisée et massive par le biais d'un service de communication au public en ligne » et peut être initié « à la demande du Ministère public, de tout candidat, de tout parti ou groupement politique ou de toute personne ayant intérêt à agir ».

Le Conseil constitutionnel a déclaré cette infraction conforme à la Constitution tout en émettant une réserve concernant la procédure en référé. La procédure de référé ne devra s'appliquer qu'aux informations dont le caractère inexact ou trompeur est manifeste et si la diffusion de ces informations présente un risque d'altération de la sincérité du scrutin manifeste ».

En outre, les opérateurs de plateformes doivent, même en dehors de période électorale, mettre en place un dispositif facilement accessible et visible permettant à leurs utilisateurs de signaler les fausses informations. Les opérateurs doivent également lutter contre les *fake news* par la transparence de leurs algorithmes, la promotion des contenus issus d'entreprises et d'agences de presse et de services de communication audiovisuelle, la lutte contre les comptes propageant massivement de fausses informations, l'information des utilisateurs sur la nature, l'origine et les modalités de diffusion des contenus ainsi que par l'éducation aux médias et à l'information.

10 Le secret des communications et la loi du 10 juillet 1991

Le secret des communications constitue le pendant de la liberté d'expression. En effet, à défaut de secret, le risque serait grand que les citoyens s'autocensurent. Le secret des correspondances participe en outre de la protection de la vie privée.

En conséquence, est protégée une correspondance dès lors qu'elle est écrite et qu'elle a fait l'objet d'une émission. Qu'elle soit sur papier ou en format numérique, la correspondance est par conséquent protégée. Elle ne pourra donc pas être ouverte sans accord de l'émetteur (1), sauf si cela est nécessaire afin d'apporter en justice la preuve de l'existence d'un droit (2).

1) Le principe de la protection des correspondances

L'article 226-15 du Code pénal réprime :

- « le fait, commis de mauvaise foi, d'ouvrir, de supprimer, de retarder ou de détourner des correspondances arrivées ou non à destination et adressées à des tiers, ou d'en prendre frauduleusement connaissance, est puni d'un an d'emprisonnement et de 45 000 euros d'amende » ;
- « le fait, commis de mauvaise foi, d'intercepter, de détourner, d'utiliser ou de divulguer des correspondances émises, transmises ou reçues par la voie électronique ou de procéder à l'installation d'appareils de nature à permettre la réalisation de telles interceptions ».

Une correspondance ne peut donc pas être ouverte par un tiers, sachant que les époux restent des tiers l'un pour l'autre dès lors que la correspondance ne leur est pas adressée. L'époux ou l'épouse jaloux violerait donc le secret des correspondances en ouvrant une correspondance qui ne lui est pas destinée. Étant donné que la mauvaise foi est constitutive de l'infraction, l'ouverture par erreur fera obstacle à l'infraction de violation des correspondances.

En outre, les personnes dépositaires de l'autorité publique, les personnes chargées d'une mission de service public, les personnes agissant dans l'exercice ou à l'occasion de l'exercice de leurs fonctions ou missions ne peuvent pas ordonner, commettre ou faciliter, en dehors des exceptions légales, le détournement, la suppression ou l'ouverture de correspondances ou la révélation du contenu de ces correspondances (article 432-9 du Code pénal).

Enfin, la loi pour une République numérique prévoit en son article 68 que le secret des correspondances s'applique à l'identité des correspondants, au contenu, à l'intitulé ainsi qu'aux pièces jointes des correspondances. Les opérateurs et les fournisseurs de services de communication au public en ligne doivent évidemment respecter cette obligation.

Les opérateurs qui voudraient mener des études statistiques sur les correspondances transmises en ligne devraient, préalablement, recueillir le consentement écrit spécifique des utilisateurs (l'acceptation globale des conditions générales ne suffit pas), lequel doit être renouvelé tous les ans.

2) La limite à la protection des correspondances

Plusieurs limites à la protection des correspondances ont été posées :

- **La loi du 24 juillet 2015 relative au renseignement** : elle permet de mettre en place des mesures de surveillance administratives des individus et notamment de leurs communications non publiques. La mise en œuvre de ces techniques de surveillance des communications électroniques (et par conséquent la captation, la fixation, la transmission et l'enregistrement de paroles prononcées à titre privé ou confidentiel, ou d'images dans un lieu privé, ainsi que l'accès à des données informatiques stockées dans un système informatique) ne peut être que le fait d'agents individuellement désignés et habilités. Un journaliste ne peut être l'objet d'une demande de mise en œuvre, sur le territoire national, d'une technique de recueil de renseignements à raison de l'exercice de sa profession. **Les lanceurs d'alerte bénéficient d'un régime de protection.** Tout agent ayant connaissance de faits susceptibles de constituer une violation manifeste des règles en vigueur peut porter ces faits à la connaissance de la Commission nationale de contrôle qui peut saisir le Conseil d'État. Aucun agent ne peut être sanctionné pour avoir porté de tels faits à la connaissance de la Commission.
- **Le droit à la preuve :** dans un arrêt en date du 5 avril 2012, la Cour de cassation a consacré un droit à la preuve. Dans cette affaire, deux époux défunts laissent deux sœurs et un frère. Le frère devient gérant de l'indivision successorale. Au cours de la gestion, il trouve des documents de ses parents et notamment une lettre écrite à ses parents par son beau-frère indiquant que la sœur en question a bénéficié d'une donation. Le gérant de la succession se prévaut de la lettre pour établir l'existence de cette donation qui doit être apportée à la succession selon lui. La difficulté ici repose sur le fait que l'héritier a produit une preuve fondée sur une lettre dont il n'est ni l'expéditeur ni le destinataire. La Cour de cassation retient que la lettre peut être produite par un tiers si elle s'avère indispensable à l'exercice du droit de la preuve et proportionnée aux intérêts antinomiques en présence.

11 Le droit au déréférencement ou droit à l'oubli

La Commission nationale de l'informatique et des libertés a défini le droit au déréférencement comme le droit permettant de demander à un moteur de recherche de supprimer certains résultats de recherche associés aux nom et prénom. Il consiste à supprimer l'association d'un résultat de recherche à la requête « nom – prénom ». Le principe a été posé par l'arrêt Google Espagne (1) dont l'application soulève de véritables difficultés pratiques (2).

1) Le principe du droit au déréférencement posé par l'arrêt Google Espagne

Avec l'arrêt Google Espagne (13 mai 2014), la Cour de justice de l'Union européenne a créé un droit au déréférencement surnommé – maladroitement – le « droit à l'oubli ».

Dans cette affaire, des liens redirigeaient vers des articles du journal *La Vanguardia Ediciones* relatifs à une vente aux enchères immobilières liée à une saisie pratiquée en recouvrement de dettes de sécurité sociale concernant monsieur Costeja González.

La Cour de justice retient que l'activité de Google – en ce qu'elle collecte, extrait, enregistre et organise, dans le cadre de son programme d'indexation, conserve et met à disposition des internautes sous forme de résultats de recherche – est un traitement de données.

Google, en ce qu'il détermine les finalités et les moyens de cette activité de traitement de données, est déclaré responsable du traitement.

Il peut par conséquent être condamné à déréférencer une page Internet – c'est-à-dire à supprimer le lien menant vers la page litigieuse – dès lors qu'il s'avère que les informations visées par le lien :

– sont fausses ;

– ne sont plus d'actualité.

La Cour s'était fondée sur les dispositions de la directive 95/46 du 24 octobre 1995 dont les dispositions sont désormais remplacées par le règlement général sur la protection des données (RGPD – et notamment son article 17).

Cependant, il est pour cela nécessaire que les données concernent des personnes physiques. En conséquence, les données relatives à l'activité d'un professionnel libéral, qui correspondraient à son nom par exemple, seraient couvertes par le droit au déréférencement. Le droit au déréférencement ne suit donc pas la distinction entre professionnels et consommateurs.

2) Les difficultés pratiques du droit au déréférencement

Le déréférencement implique uniquement que le lien menant vers une page contenant des données fausses ou qui ne sont plus d'actualité doit être supprimé.

Deux difficultés pratiques se posent pour la personne concernée :

- **La page Internet ciblée par le lien n'est pas supprimée** : elle reste par conséquent accessible à tous les internautes qui connaîtraient son adresse. L'accessibilité est donc simplement complexifiée.
- **La décision Google Espagne n'est applicable que pour le ressort de l'Union européenne** (le Royaume-Uni ne sera bientôt plus soumis aux décisions de la Cour de justice de l'Union européenne et, par conséquent, le droit au déréférencement n'y sera plus applicable). Cela signifie que le lien supprimé reste accessible aux internautes se connectant depuis un État tiers à l'Union européenne. De surcroît, un internaute qui saurait utiliser un VPN (Virtual Private Network ou réseau privé virtuel) – au demeurant relativement facile à utiliser et à prix modéré – pourrait tromper le fournisseur d'accès à Internet et accéderait par conséquent à l'Internet depuis un État tiers alors qu'il se trouverait encore sur le territoire de l'Union européenne. En conséquence, l'internaute pourrait avoir accès à tous les liens ayant fait l'objet d'une suppression. Le droit au déréférencement pâtit dès lors de la difficulté d'appliquer un droit territorial à un réseau qui, par nature, est international.

Cependant, par un arrêt en date du 24 septembre 2019 (aff. C-507/17), la Cour de Justice de l'Union européenne a retenu que compte tenu de l'existence de passerelles entre ses différentes versions nationales, le moteur de recherche de Google doit être regardé comme réalisant un traitement unique qui est effectué dans le cadre de l'établissement situé sur le territoire français. Il n'existe pas pour l'exploitant d'obligation découlant du droit de l'Union européenne de déréférencer sur l'ensemble des versions de son moteur de recherche. La Cour déduit des dispositions du RGPD que le législateur européen n'a pas fait le choix de lui conférer une portée dépassant le territoire des États membres. Cependant, les juges retiennent que si le texte n'impose pas une application extraterritoriale, il ne l'interdit pas. Les juges ont ainsi retenu qu' « une autorité de contrôle ou une autorité judiciaire d'un État membre demeure compétente pour effectuer, à l'aune des standards nationaux de protection des droits fondamentaux [...], une mise en balance entre, d'une part, le droit de la personne concernée au respect de sa vie privée et à la protection des données à caractère personnel la concernant et, d'autre part, le droit à la liberté d'information ». Il est par conséquent envisageable d'enjoindre à un moteur de recherche de procéder à un déréférencement mondial. Cela est cependant difficilement applicable en pratique dès lors que la Cour de Justice de l'Union européenne reste attachée au principe de déréférencement *a minima*.

La solution actuelle est donc partiellement insatisfaisante dans la mesure où elle présente des faiblesses dans son application pratique.

12 Droits des salariés et numérique

Les salariés travaillent de plus en plus avec des outils numériques et à distance. Le droit du travail et des données personnelles les protége dans le cadre de l'exécution de leur contrat de travail. À ce titre, le ministère du Travail a mis en ligne le 16 janvier 2020 le Code du travail numérique permettant aux salariés d'obtenir des réponses à leurs questions. Les salariés trouveront des réponses notamment sur le télétravail (1), le droit à la déconnexion (2), l'usage de l'Internet par un salarié (3) ou encore la possibilité de surveillance d'un salarié (4).

1) La mise en place du télétravail

Le droit français n'a pas instauré de droit au télétravail, mais renvoie les parties à une éventuelle négociation à ce sujet. Lorsque l'employeur et le salarié se mettent d'accord pour recourir au télétravail des règles de sécurité s'appliquent.

La mise en place du télétravail ne constitue pas une limite à l'obligation pesant sur l'employeur d'assurer la sécurité physique – et psychique – de ses salariés. Bien au contraire, l'employeur reste soumis à une obligation de sécurité dite de moyens. Le télétravail implique pour l'employeur l'obligation d'assurer la sécurité de ses salariés sur un site qu'il ne contrôle pas – par définition –, à savoir le domicile de son salarié. En conséquence, l'employeur est tenu de faire au mieux afin de les protéger.

Que le salarié effectue son travail dans les locaux de l'entreprise ou à domicile dans le cadre du télétravail, l'employeur est responsable des accidents survenus pendant les heures de travail sur le lieu d'exercice. Il devra donc s'assurer de la conformité du logement.

La difficulté première dans l'exécution du contrat de travail à domicile réside dans la nécessité pour l'employeur d'obtenir une autorisation préalable du salarié avant de s'y rendre et de procéder à une mise en conformité. Le télétravailleur conserve en effet un droit à la vie privée à son domicile. Ainsi, à titre d'exemple, il est peu probable que le local utilisé par le télétravailleur dispose d'une sortie de secours (et encore moins que le télétravailleur procède aux travaux nécessaires) alors qu'elle est obligatoire. Il conviendra dès lors d'opter pour l'exécution du contrat de travail dans une pièce conforme.

L'implication du salarié dans la mise en conformité de son espace de travail peut aller jusqu'à l'application de la qualité de maître d'ouvrage lorsqu'il adapte son espace de travail. Or, les aménagements ne doivent représenter aucune charge financière pour le salarié. L'employeur pourrait donc vouloir commander un audit du lieu d'exécution du contrat de travail. Ainsi, les caractéristiques du logement doivent être transcrites dans un document unique répertoriant les risques pour satisfaire aux exigences de cohérence, de commodité et de traçabilité, qui devra être mis à jour annuellement.

Enfin, les salariés doivent être formés aux gestes de protection afin de se protéger sur leur lieu de travail. Les employeurs doivent, grâce à leur pouvoir disciplinaire, introduire des obligations en ce sens.

2) Le droit à la déconnexion

L'employeur devra être attentif à la santé psychologique de ses salariés et notamment des télétravailleurs. En effet, pour ces derniers, le sentiment d'isolement, le nombre souvent réduit de pauses, le possible manque de considération créé par la distance risquent de peser sur la santé mentale des télétravailleurs.

Les employeurs doivent néanmoins la protéger au même titre que la santé physique. Ils sont ainsi avisés de conclure un « contrat psychologique » avec leurs collaborateurs. Dans cette perspective, l'employeur doit veiller au respect du droit à la déconnexion des salariés. Il est ainsi tenu d'un devoir de déconnexion et de détection des situations à risque. En pratique, cela peut s'effectuer par une suspension de l'accès aux serveurs à certains horaires.

L'application concrète du droit à la déconnexion n'est pas prévue par la loi, mais renvoyée à une négociation interne à l'entreprise pour les entreprises de plus de 50 salariés. La charte de l'entreprise doit au minimum préciser les modalités de l'exercice du droit à la déconnexion ainsi que les actions de formation et de sensibilisation à un usage raisonnable des outils numériques. À défaut d'accord au sein de l'entreprise, l'employeur définit les modalités d'exercice du droit à la déconnexion en veillant à ce qu'elles soient raisonnables.

Le droit à la déconnexion doit permettre de préserver la santé mentale des télétravailleurs et d'éviter des maladies si l'employeur met en place des mesures « récepteurs » et « émetteurs ».

Les mesures « récepteurs » peuvent être notamment :

- l'introduction d'une absence d'obligation de répondre à un courriel professionnel le soir ou le week-end ;
- une mention automatique insérée dans le corps du courriel rappelant que les envois tardifs n'appellent pas de réponse immédiate ;
- l'utilisation de la fonction d'envoi différé pour l'envoi de courriels tardifs.

Les mesures « émetteurs » incluent notamment :

- l'obligation de mettre une réponse automatique d'absence sur sa messagerie professionnelle ;
- la fermeture des serveurs au-delà d'une certaine heure ;
- l'alerte du service Ressources humaines en cas de surconnexion.

3) Usage de l'Internet par le salarié

L'employeur peut limiter l'accès à Internet à ses salariés. Cependant, il est compliqué de limiter trop drastiquement cet accès. Il est ainsi toléré que le salarié utilise Internet dans un but personnel tant que l'usage reste raisonnable, ne menace pas la sécurité du réseau de l'entreprise et ne ralentit pas sa productivité.

L'employeur a donc intérêt à rédiger une charte à l'intention de ses salariés régulant l'usage d'Internet au travail. Cependant, même en l'absence de charte relative à l'usage d'Internet, le salarié pourra être licencié pour faute dès lors que l'usage d'Internet est déraisonnable.

4) La mise en place de mesures de surveillance du salarié

L'employeur peut installer un système de vidéosurveillance de l'entreprise afin d'assurer la sécurité des biens et des personnes. Il est nécessaire de déterminer, en amont de son installation, l'objectif de la vidéosurveillance (sécurité des personnes, sécurité des biens, dissuasion, identification des auteurs d'infractions, etc.).

Les caméras ne doivent pas filmer les salariés sur leur poste de travail ni dans les salles de pause, les locaux syndicaux ou les toilettes. Quelques exceptions à ce principe ont été reconnues :

– manipulation d'argent par le salarié dans le cadre de son contrat de travail ;

– entrepôt stockant des biens de valeur.

Seules les personnes expressément habilitées par l'employeur et dûment formées peuvent consulter les vidéos. L'employeur doit déterminer la durée de conservation des images qui doit être en lien avec l'objectif poursuivi par la vidéosurveillance.

Si les caméras filment un lieu ouvert au public, une autorisation préfectorale doit être obtenue.

Ces mesures de surveillance constituent des données personnelles. Or, comme pour toute donnée personnelle qui le concerne, le salarié peut demander à ce qu'elles lui soient communiquées. Si l'employeur a des doutes sur l'identité du demandeur, il pourra demander des justificatifs tant qu'ils ne sont pas abusifs. L'exercice du droit d'accès porte uniquement sur les données et non pas sur les documents. Enfin, l'exercice du droit d'accès ne doit pas porter atteinte aux droits des tiers.

La liberté d'entreprendre

13

La liberté d'entreprendre apparaît intimement liée au numérique. Les trente dernières années ont vu l'émergence de groupes mondiaux à la réussite fulgurante. Le numérique a également permis à une myriade d'entreprises de tailles plus modestes de naître et de se développer.

En droit, la liberté d'entreprendre n'a pas attendu le développement du numérique mais plutôt l'arrivée de François Mitterrand à l'Élysée. Le Conseil constitutionnel français a en effet, dans sa décision du 16 janvier 1982, reconnu la liberté d'entreprendre. Il a affirmé, de façon plus idéologique que juridique, le principe de la liberté d'entreprendre dans le contexte très particulier de l'alternance socialiste à laquelle il a voulu opposer la protection de la propriété et de l'initiative privées, en se fondant sur les articles 4 et 17 de la Déclaration des droits de l'homme et du citoyen qui assurent le principe général de liberté et le droit de propriété.

Le droit de propriété est évidemment protégé en ligne (et notamment la propriété intellectuelle). La liberté contractuelle est également assurée en ligne (voir notamment la fiche 23). La liberté d'entreprendre, en ce qu'elle est composée du droit de propriété ainsi que de la liberté contractuelle, est protégée dans l'univers numérique. Elle se trouve même renforcée par l'émergence d'une propriété numérique (1) ainsi que par la création de régimes de responsabilités spéciaux (2).

1) L'émergence d'une propriété numérique

Dans l'affaire néerlandaise Runescape, les juges ont condamné des adolescents pour le vol – avec violence – d'objets virtuels qu'ils avaient acquis sur le jeu en ligne (en l'occurrence une amulette et un casque). Le tribunal a retenu que les objets constituent des biens – donc des éléments appropriables – soustraits et par conséquent volés.

Aucune décision n'a été prise en France, mais il est fort probable que les juges statuent dans le même sens, et ce d'autant plus que la conception du droit de propriété est uniformisée en Europe conformément à l'article 1 du protocole 1 de la Convention européenne de sauvegarde des droits de l'homme. Un joueur en ligne est par conséquent propriétaire des objets qu'il acquiert en jouant. À ce titre, il n'est pas rare de voir des joueurs vendre des objets obtenus pendant le jeu à des montants parfois substantiels.

Une forme spéciale de droit de la propriété a émergé en matière de noms de domaine. L'enregistrement d'un nom de domaine est fondé sur un principe dit de « premier arrivé, premier servi ». L'AFNIC est compétente pour les noms de domaines de la zone en « .fr ». Conformément aux dispositions de l'article L. 45-1 du Code des postes et communications électroniques, les noms de domaine sont attribués et gérés dans l'intérêt général selon les règles non discriminatoires et transparentes, garantissant le respect de la liberté de communication, de la liberté d'entreprendre et des droits de propriété intellectuelle. La liberté d'entreprendre est cependant limitée dans la mesure où il est interdit d'enregistrer un nom de domaine qui pourrait porter atteinte à l'ordre public ou aux bonnes mœurs, ainsi qu'un nom pouvant porter atteinte à des droits de propriété intellectuelle (article 45-2 du Code des postes et communications électroniques), ou encore si le nom de domaine est identique ou apparenté à celui de la République française, d'une collectivité territoriale ou d'un groupement de collectivités territoriales ou d'une institution ou service public national ou local (sauf si le demandeur justifie d'un intérêt légitime et agit de bonne foi).

2) L'émergence de régimes de responsabilité spéciaux

La directive e-commerce a introduit une série de régimes de responsabilité spéciaux qui seront étudiés en détail dans les fiches 73 et suivantes.

L'objectif de la directive consiste, sur le modèle du Digital Copyright Millenium Act américain, à créer des régimes de responsabilité limitée afin de permettre aux prestataires de service de l'Internet de développer leurs activités.

Cette directive est également venue en réaction à des affaires montrant l'inadéquation de l'application rigide du droit au réseau Internet. Ainsi, dans l'affaire Halliday, le propriétaire d'un serveur – qui n'avait aucune connaissance de la teneur des contenus stockés par les internautes sur le serveur – a été condamné pour la présence d'une photographie violant le droit à l'image de madame Estelle Halliday. La rigueur de la solution aurait évidemment freiné le secteur numérique européen au tournant du XXIe siècle.

Désormais, les prestataires techniques n'engagent leur responsabilité que dans les cas suivants :

- ils ont une connaissance effective de la présence d'un contenu illicite ;
- notification de la présence d'un contenu illicite leur a été faite et ils n'ont pas retiré le contenu promptement.

La directive e-commerce pose néanmoins comme condition à l'application de ce régime de responsabilité spéciale la neutralité des prestataires techniques. S'ils sont actifs dans la mise en ligne des contenus, ils pourront engager leur responsabilité au même titre que l'internaute à l'origine de la mise en ligne.

PARTIE III

Le droit civil : la difficulté de conclure des contrats et de prouver dans un univers dématérialisé

14 L'information du cocontractant

Afin d'être opposables à un internaute, les conditions générales d'un site Internet doivent lui être communiquées de façon claire.

La jurisprudence française (CA Paris, Pôle 5, ch. 1, 27 avril 2011, Métropole Télévision et autres c. SBDS Active) a retenu que des conditions générales à moitié dissimulées, et simplement référencées sous le sigle CGU « Conditions générales d'utilisation », qui s'avèrent « peu signifiantes pour un internaute de curiosité moyenne », ne peuvent être opposées à un internaute. Il s'avère donc **nécessaire d'écrire la mention « Conditions générales d'utilisation » en toutes lettres**.

1) La communication des conditions générales par les liens

La solution française ne surprend pas, car elle constitue simplement l'adaptation à l'Internet de principes reconnus avant son avènement. La solution française a été précisée par la Cour de justice de l'Union européenne dans l'arrêt Content Services Ltd c. Bundesarbeitskammer (CJUE, 5 juillet 2012, C-49/11). Il a ainsi été retenu que **les liens ne permettent pas de communiquer les conditions générales aux internautes, lesquels ne peuvent par conséquent pas les recevoir**. Dès lors, les contenus des contrats en ligne au sein de l'Union européenne devront – à l'inverse des États-Unis – être directement accessibles aux internautes sans renvoi possible par un hyperlien. Les propriétaires de sites sont par conséquent confrontés à une divergence entre l'Union européenne et les États-Unis alors que l'Internet constitue un espace commun. En cas d'application concomitante des deux droits, il convient de suivre les règles européennes leur imposant de suivre une architecture de présentation qui sera reconnue aux États-Unis.

2) La distinction entre les différents types de sites Internet

Les juges français[4] ont établi un second critère portant sur l'attention de l'internaute en prenant en compte le contexte de sa visite du site. Il a en effet été retenu que l'attention d'un internaute ne sera pas particulièrement attirée par le sigle « CGU », qui s'avère « peu signifiant en lui-même pour un internaute de curiosité moyenne principalement intéressé par le but de sa recherche ». Cette dernière expression souligne la prise en compte par

4 Cass. civ. 1, 31 octobre 2012, n° 11-20480.

le juge du but de la recherche. Il s'agissait en l'espèce d'un site de divertissement. La solution aurait peut-être été différente pour un site Internet s'adressant notamment à des professionnels. Ainsi, **en fonction du type de recherche qu'une page Internet implique, les juges seront plus ou moins exigeants quant à l'attention accordée aux sigles et autres acronymes.** La solution française fait peser un formalisme informatif plus lourd sur les sites de divertissement (ex. : le blog VDM, etc.) par rapport aux sites plus sérieux (ex. : les sites du *Monde*, du *Figaro*, un site officiel, etc.). En effet, dans le premier cas, le créateur du site Internet devra se montrer plus attentif à l'attention des internautes que dans le second type de sites.

3) Les règles linguistiques

Afin d'être effective, la communication doit être compréhensible par tous. Tout acte de communication est effectué par le truchement d'une langue. Il est par conséquent nécessaire d'utiliser une langue que le cocontractant comprend. Ainsi, la loi Toubon du 31 décembre 1975 ajoute une protection supplémentaire pour les contractants en droit français en leur imposant de **communiquer les conditions générales d'utilisation en langue française**. La solution de la loi Toubon semble inéquitable lorsqu'elle se trouve appliquée à un internaute polyglotte auquel les conditions générales d'utilisation ne sont pas opposables alors qu'elles sont rédigées dans une langue qu'il maîtrise. La solution actuelle constitue cependant la moins mauvaise solution dès lors que l'on souhaite maintenir le principe de l'anonymat sur Internet. Il est en effet cohérent avec le principe de traiter tous les internautes de la même façon sans prise en considération de leurs particularités.

4) L'information par les opérateurs de plateforme en ligne

La loi pour une République numérique a retenu que tout opérateur de plateforme en ligne est tenu de délivrer au consommateur une information loyale, claire et transparente précisées par le décret n°2017-1434 du 29 septembre 2017. Un décret du même jour définit la notion d'avis en ligne, énumère les informations relatives aux modalités de fonctionnement du service d'avis en ligne et aux procédures de contrôle des avis.

En matière d'hébergement, l'article L. 324-2-1 du Code du tourisme fait peser sur l'intermédiaire une obligation spécifique d'information du loueur. Il est ainsi tenu d'informer le loueur des obligations de déclaration ou d'autorisation préalables prévues à l'article L. 631-7 et suivants du Code de la construction et de l'habitation, si le logement constitue ou non sa résidence principale, ainsi que le cas échéant le numéro de déclaration.

15 La capacité de contracter des algorithmes boursiers (le *trading* à haute fréquence)

Contrairement aux espoirs technicistes de certains auteurs, le droit français refuse de conférer à un ordinateur la possibilité de conclure des contrats. En effet, l'article 1984 du Code civil dispose que « le mandat ou procuration est un acte par lequel *une personne donne à une autre* [nous soulignons] le pouvoir de faire quelque chose pour le mandant et en son nom ». Le mandant et le mandataire sont nécessairement des personnes physiques ou morales. L'ordinateur ne sera donc pas une partie au contrat.

Les évolutions techniques ont permis le développement du *trading* à haute fréquence (*high frequency trading*) qui présente l'intérêt notamment de passer de nombreux ordres en l'espace de quelques nanosecondes (et en tout état de cause plus rapidement que s'ils étaient passés par une personne humaine). Aucun être humain n'intervient car l'algorithme est en mesure de négocier, de vendre et d'acheter les titres et actions sur les marchés financiers. Le nombre important de ventes rapides n'est cependant pas sans risque.

Ainsi, le 6 mai 2010, les marchés financiers essuyaient une perte historique dite *flash crash* (9 % de baisse au Dow Jones en 4 minutes et 30 secondes) à cause, *a priori*, mais les analyses sont divergentes, d'un algorithme de *trading* de haute fréquence dysfonctionnant. Le système serait néanmoins, malgré cet événement, de nature à éviter de trop fortes variations de prix.

Ainsi, alors que le droit français tenait pour nécessaire la qualité d'être humain pour être sujet de droit – à l'issue d'une évolution européenne sur plusieurs siècles au cours de laquelle les animaux ont été considérés comme des justiciables et donc comme des sujets de droit – notre droit commence à considérer des machines comme des sujets de droit capables d'engager leurs mandants dans des relations contractuelles.

Les algorithmes ont ainsi une capacité à contracter tout en étant eux-mêmes des biens (I) meubles non fongibles et (II) non consomptibles étant donné qu'ils peuvent faire l'objet de transactions. Un algorithme n'a pourtant pas la capacité de raisonner qui fonde la personnalité juridique et par conséquent la pleine capacité à contracter.

1) La capacité de conclure des contrats

La capacité constitue l'un des trois piliers du droit des contrats français (avec le consentement et un contenu licite et certain du contrat). La capacité n'étant donnée qu'aux personnes humaines majeures et n'étant pas sous le coup d'une mesure de protection, la définition s'avère plus exclusive qu'inclusive. Face à la nécessité de moderniser les marchés financiers, la légalité du *trading* à haute fréquence a été reconnue dans des conditions strictes.

Il faut tout d'abord un **seuil minimum d'intelligence pour pouvoir conclure un contrat**. La directive européenne dite MIF 2 a ainsi exclu les algorithmes n'étant pas capables de stratégie. Sont par conséquent autorisés les algorithmes de *trading* à haute fréquence « visant à l'identification d'opportunités de transactions censées déboucher sur la décision d'acheter ou de vendre des instruments financiers en entrant un ordre dans le carnet d'ordres ».

Les entreprises d'investissement recourant au *trading* à haute fréquence devront mettre en place des contrôles de risques efficaces et adaptés à leur activité afin d'assurer la résilience et la capacité de leurs systèmes de négociation. Les systèmes devront également respecter des limites de négociation adéquates et prévenir l'envoi d'ordres erronés ou tout autre dysfonctionnement pour éviter des *flash crash*. Les systèmes mis en place devront être testés afin de contrôler leur conformité – et partant de contrôler leur capacité. Il s'agit donc d'une capacité encadrée des algorithmes visés par la directive et répondant aux critères établis.

La directive européenne a ainsi conféré la capacité à un type d'algorithme, donc par exception, alors que le droit américain reconnaît le principe de la capacité des algorithmes. La directive européenne n'a par conséquent pas étendu cette disposition aux autres types d'algorithmes et notamment à ceux créant des hyperliens, comme Google. Dès lors, les algorithmes créateurs de liens ne peuvent conclure des conventions et ne peuvent accepter les conditions générales d'utilisation des sites Internet.

Afin de faciliter la conclusion de contrats par des algorithmes de *trading* à haute fréquence, des éditeurs ont développé le « *automated content access protocol* » (ACAP) qui offre depuis 2007 un langage lisible par une machine et lui permettant de comprendre et de signer une convention sans recours à une interprétation humaine. Le projet reste cependant très peu utilisé par les moteurs de recherche qui n'y trouvent pas d'incitation à l'utiliser pouvant compenser la charge de la gestion et du stockage des données nécessaires à la prise en compte des conditions générales d'utilisation de chaque site.

2) Les limites aux conclusions de contrats par les algorithmes

La capacité de conclure des contrats donnée aux algorithmes de *trading* à haute fréquence ne constitue pas un blanc-seing accordé par le Parlement européen. La directive interdit toute manipulation de marché constituée par le fait de passer des ordres à une plate-forme de négociation en ayant recours à des stratégies de *trading* à haute fréquence lorsque cela est de nature à :

- perturber ou retarder le fonctionnement du système de négociation de la plate-forme de négociation ;
- compliquer la reconnaissance par d'autres personnes de véritables ordres dans le système de négociation, y compris en émettant des ordres qui entraînent une surcharge ou une déstabilisation du carnet d'ordres ;
- créer une indication fausse ou trompeuse quant à l'ordre, à la demande ou au cours d'un instrument financier, notamment en émettant des ordres visant à lancer ou à exacerber une tendance.

16 La conclusion d'un contrat en ligne

1) L'obligation d'identification du vendeur

La Cour de cassation a reconnu dans un arrêt en date du 25 novembre 2010 (n° 09-70833) qu'un contrat électronique constitue un contrat à distance. Cela entraîne l'application d'un régime juridique particulier.

Tout personne proposant ou assurant à distance et par voie électronique la fourniture de biens ou de services doit assurer, pour les destinataires de l'offre, un accès facile, direct et permanent aux éléments suivants :

1. s'il s'agit d'une personne physique, ses nom et prénom et, s'il s'agit d'une personne morale, sa raison sociale ;
2. l'adresse où elle est établie, son adresse de courrier électronique, ainsi que des coordonnées téléphoniques permettant d'entrer effectivement en contact avec elle ;
3. si elle est assujettie aux formalités d'inscription au registre du commerce et des sociétés ou au répertoire des métiers, le numéro de son inscription, son capital social et l'adresse de son siège social ;
4. si elle est assujettie à la taxe sur la valeur ajoutée et identifiée par un numéro individuel en application de l'article 286 ter du Code général des impôts, son numéro individuel d'identification ;
5. si son activité est soumise à un régime d'autorisation, les nom et adresse de l'autorité ayant délivré celle-ci ;
6. si elle est membre d'une profession réglementée, la référence aux règles professionnelles applicables, son titre professionnel, l'État membre dans lequel il a été octroyé ainsi que le nom de l'ordre ou de l'organisme professionnel auprès duquel elle est inscrite.

C'est donc à une obligation d'identification que les internautes doivent se plier.

Il est également nécessaire de mentionner un prix et de préciser s'il inclut les taxes et frais.

2) Les mentions obligatoires relatives au contenu du contrat

Lorsque l'offre vise des consommateurs, elle doit contenir les éléments suivants :

1. le nom du vendeur du produit ou du prestataire de service, des coordonnées téléphoniques permettant d'entrer effectivement en contact avec lui, son adresse ou, s'il s'agit d'une personne morale, son siège social et, si elle est différente, l'adresse de l'établissement responsable de l'offre ;
2. le cas échéant, les frais de livraison ;

3. les modalités de paiement, de livraison ou d'exécution ;
4. l'existence d'un droit de rétractation et ses limites éventuelles ou, dans le cas où ce droit ne s'applique pas, l'absence d'un droit de rétractation ;
5. la durée de la validité de l'offre et du prix de celle-ci ;
6. le coût de l'utilisation de la technique de communication à distance utilisée lorsqu'il n'est pas calculé par référence au tarif de base ;
7. le cas échéant, la durée minimale du contrat proposé, lorsqu'il porte sur la fourniture continue ou périodique d'un bien ou d'un service.

Ces informations, dont le caractère commercial doit apparaître sans équivoque, sont communiquées au consommateur de manière claire et compréhensible, par tout moyen adapté à la technique de communication à distance utilisée.

En cas de démarchage par téléphone ou par toute autre technique assimilable, le professionnel doit indiquer explicitement au début de la conversation son identité et le caractère commercial de l'appel.

Lorsque le contrat est proposé à un consommateur, la loi Chatel a complété le dispositif en exigeant d'indiquer le numéro de téléphone du commerçant. La Cour de justice des Communautés européennes (devenue la Cour de justice de l'Union européenne) a retenu que le commerçant pouvait ne mentionner qu'une adresse courriel à la place du numéro de téléphone.

L'offre qui s'adresse à un consommateur doit également comporter le prix de façon claire et préciser s'il inclut les taxes et les frais.

La personne proposant des biens ou des services en ligne doit également mettre à disposition les conditions contractuelles applicables d'une manière permettant leur conservation et leur reproduction. Concrètement, cela signifie que les conditions générales de vente doivent être mises à disposition des internautes (elles doivent être envoyées aux internautes souhaitant acheter un bien ou un service). L'offre devra également préciser :

1. les différentes étapes à suivre pour conclure le contrat par voie électronique ;
2. les moyens techniques permettant à l'utilisateur, avant la conclusion du contrat, d'identifier les erreurs commises dans la saisie des données et de les corriger ;
3. les langues proposées pour la conclusion du contrat ;
4. en cas d'archivage du contrat, les modalités de cet archivage par l'auteur de l'offre et les conditions d'accès au contrat archivé ;
5. les moyens de consulter par voie électronique les règles professionnelles et commerciales auxquelles l'auteur de l'offre entend, le cas échéant, se soumettre.

L'offre peut être limitée dans le temps et l'espace. En l'absence de précision, elle doit être maintenue dans un délai raisonnable.

En tout état de cause, le consentement n'est pas valablement donné lorsque la case recueillant le consentement de l'internaute est précochée (Cour de justice de l'Union européenne, 11 novembre 2020, affaire C-61/19).

3) Sur les conséquences de l'existence d'une clientèle en ligne : la reconnaissance de la notion de fonds de commerce en ligne

Dès lors qu'une entreprise vend des biens ou des services en ligne et qu'elle a une clientèle, elle dispose d'un fonds de commerce électronique.

Le fonds de commerce sera composé de son nom de domaine, de sa marque, de la charte graphique, du savoir-faire logistique ainsi que du fichier de clientèle, qui constituent les principaux éléments de ralliement de la clientèle dans le commerce électronique.

Cette qualification aura des conséquences en cas de cession du fonds de commerce. Les parties devront veiller à prévoir les conditions de transmission du nom de domaine, de cession du site Internet ainsi que des éléments de propriété intellectuelle. L'acquéreur devra être attentif à la possibilité, pour les auteurs des œuvres qu'il acquiert, de résilier le contrat si l'acquéreur risque de menacer les droits moraux de l'auteur. Le contrat de cession pourra venir sécuriser cette hypothèse pour l'acquéreur, et une action interrogatoire de l'auteur (afin de s'assurer qu'il ne considère pas que l'acquéreur présente un danger pour le respect de son œuvre) pourrait être envisagée.

La signature électronique

17

La signature permet d'établir un lien entre un symbole et une personne présumée avoir exprimé son consentement. Or, dans le monde analogique, la signature manuscrite est *a priori* sécurisée dans la mesure où il est toujours possible de contrôler l'écriture afin d'établir un lien avec la personne (au besoin après expertise). Or, dans le monde numérique, aucun contrôle de ce type n'est possible étant donné que la signature n'est qu'un ordre envoyé par une machine sur un document. Toute interdiction du recours à la signature en ligne aurait eu pour effet de bloquer le développement économique de l'internet ainsi que les échanges mondiaux, de sorte que le législateur a reconnu sa validité. Le législateur a ainsi ouvert la voie à deux modalités de conclusions particulières de contrats en ligne :

– pour les consommateurs : la procédure du double-clic (1) ;

– pour tous : la signature électronique (2).

1) La procédure du double-clic

Lorsque l'Internet s'est développé dans la deuxième moitié des années 1990, le législateur a craint que les nouveaux internautes ne maîtrisent pas correctement l'outil électronique. Le Parlement européen a par conséquent introduit la formalité dite du double-clic.

La formalité du double-clic implique, pour que le contrat soit valablement conclu, que le destinataire de l'offre ait la possibilité de :

– vérifier le détail de sa commande et de son prix total (premier clic) ;

– corriger d'éventuelles erreurs ;

– confirmer afin d'exprimer son acceptation (deuxième clic).

Le consentement est par conséquent exprimé lorsqu'il est donné deux fois. Il s'agit d'une procédure de contrôle de l'utilisation de l'outil informatique – la crainte était que les nouveaux internautes ne cliquent pas sur le bon bouton – et d'élaboration du consentement par le temps – à savoir qu'en demandant aux internautes d'exprimer leur consentement deux fois, ils disposent de plus de temps pour s'assurer qu'ils ont envie de formaliser l'achat.

L'auteur de l'offre doit accuser réception sans délai injustifié et par voie électronique de la commande.

Il existe des exceptions à la procédure du double-clic. Elle ne s'applique pas aux offres conclues entre deux professionnels. Entre professionnels, un simple clic suffit pour former le contrat. Il en va de même pour les contrats conclus par échange d'e-mails.

2) La signature électronique

La directive n° 1999/93/CE du 13 décembre 1999 a défini un cadre commun à tous les pays de l'Union européenne en matière de signature électronique. La loi n° 2000-230 du 13 mars 2000 est venue transposer ces dispositions en droit français.

Pour que la signature soit valide il est nécessaire qu'elle intervienne par l'intermédiaire d'un tiers. Elle doit comporter un dispositif de vérification de la provenance et un système de certificat mis en œuvre par le tiers certificateur.

Chaque signature devra avoir son certificat. Le certificat consiste en une attestation électronique permettant de lier les données à la vérification de signature à un signataire, et de confirmer l'identité de cette personne. Le certificat ne peut être délivré que par un prestataire de service de certification qui a fait l'objet d'une qualification délivrée par un organisme de qualification.

La signature électronique présente la même valeur légale qu'une signature manuscrite. Les contrats conclus par signature électronique seront donc obligatoires pour les parties.

La fiabilité du système est présumée jusqu'à preuve du contraire lorsque le procédé met en œuvre une signature électronique sécurisée, établie grâce à un dispositif sécurisé de création de signature électronique, et que la vérification de cette signature repose sur l'utilisation d'un certificat électronique qualifié. Le dispositif doit garantir que les données de signature électronique :

- ne peuvent être établies plus d'une fois et que leur confidentialité est assurée ;
- ne peuvent être trouvées par déduction et que la signature électronique est protégée contre toute falsification ;
- peuvent être protégées de manière satisfaisante par le signataire contre toute utilisation par des tiers.

Droit de la preuve et numérique : le rôle des intermédiaires et la procédure d'injonction

18

Les prestataires de service en ligne comme Google, YouTube, etc., sont en mesure de stocker des données de nature à remonter aux origines d'une infraction commise en ligne. Étant donné que l'État ne peut contrôler l'intégralité du réseau, le droit a conféré aux prestataires de service en ligne la charge d'aider à trouver l'origine des actes illicites en ligne.

1) La procédure d'envoi de l'injonction

La procédure d'injonction constitue une limite à la liberté d'entreprendre des prestataires de service car elle réduit la possibilité de « librement disposer [...] de [ses] ressources économiques, techniques et financières » (CJUE, 27 mars 2014, aff. C-314/12, UPC Telekabel Wien GmbH c. Constantin Film Verleih GmbH, Wega Filmproduktionsgesellschaft mbH). C'est donc un équilibre entre les intérêts des internautes et des prestataires de service en ligne qui a été établi.

Malgré son importance pour l'affirmation de l'État de droit, la procédure d'injonction n'a pas fait l'objet d'une harmonisation internationale. Nous analyserons donc les procédures les plus courantes pour l'internaute français : la procédure franco-européenne et la procédure américaine.

Les États-Unis ont été les premiers à introduire une procédure d'injonction de communiquer les données concernant les contrefacteurs à la section 512(h) du *Copyright Act*. Cette procédure spéciale est radicalement opposée à celle en vigueur en France. En effet, alors que les États-Unis ont déjudiciarisé la procédure d'injonctions *via* les *subpoenas* (c'est-à-dire des injonctions extrajudiciaires), la loi pour la confiance dans l'économie numérique dispose à l'article 6-II que « l'autorité judiciaire peut requérir communication auprès des prestataires mentionnés aux 1 et 2 du I des données » qui sont « de nature à permettre l'identification de quiconque a contribué à la création du contenu ou de l'un des contenus des services dont elles sont prestataires ». Il y a donc lieu de saisir le juge en France alors que la procédure est aux mains des parties aux États-Unis.

Le juge français devra prendre en compte le respect à la vie privée en ayant à l'esprit que les traitements de données sont au service de l'homme et qu'ils doivent respecter la vie privée et contribuer au progrès économique et social, au développement des échanges ainsi qu'au bien-être des individus (Considérant 2 de la directive 95/46/CE). Aux États-Unis, l'équilibre entre le droit à la vie privée et l'accès aux données n'est pas effectué et seul compte l'accès à l'information. Le juge est par conséquent tenu d'effectuer un contrôle de proportionnalité entre plusieurs intérêts pour trouver une solution d'équilibre entre le droit à la vie privée, la liberté d'entreprendre des créateurs automatiques de liens (comme Google) et les intérêts des auteurs et des internautes, conformément aux directives 2000/31/CE, 2001/29/CE et 2004/48.

2) La procédure à réception d'une injonction

À réception d'une injonction, le **prestataire de services en ligne devra dévoiler promptement les informations requises au titulaire des droits ou à son représentant.** La notion de communication prompte n'est pas définie précisément afin de permettre une adaptation aux contingences de chaque affaire.

Les communications de données constituent des charges pour les prestataires de services en ligne qui doivent investir dans des capacités de stockage et sont tenues de payer des collaborateurs pour répondre aux demandes. La charge est plus lourde en France qu'aux États-Unis, car la durée de stockage minimum y est d'un an. **Le législateur français a donc souhaité rééquilibrer la balance des intérêts et impose aux personnes sollicitant la communication de données de s'acquitter des frais** mentionnés dans l'arrêté du 22 août 2006 pris en application de l'article R. 213-1 du Code de procédure pénale. Les communications sont ainsi soumises à une grille tarifaire et, en cas d'absence de la nomenclature, l'acte sera établi sur devis. Aux États-Unis, la procédure est gratuite.

Il est possible que certaines injonctions n'aient pas pour objectif de lutter contre la contrefaçon, mais par exemple de censurer une idée comme cela a pu être le cas pour les notifications. Certains auteurs ont en outre souligné que la procédure de communication de données pouvait constituer un risque pour les sources journalistiques. Certains pourraient en effet y trouver un moyen d'obtenir des informations normalement couvertes par le secret professionnel. Une meilleure protection des journalistes serait donc nécessaire afin de pallier ce risque.

3) La participation des intermédiaires dans la lutte par des tiers contre la contrefaçon en ligne

Les *copyright trolls* collectent les adresses IP d'utilisateurs de réseaux pair à pair afin de les poursuivre dans le cadre d'actions en contrefaçon.

La Cour de justice de l'Union européenne a rendu le 17 juin 2021 un arrêt (Aff. C-597/19) dans lequel elle validait le principe de la collecte systématique des adresses IP *via* lesquelles sont réalisées les actes de contrefaçon afin de solliciter un règlement amiable ou d'intenter une action judiciaire en réparation du préjudice subi.

Les juges ont néanmoins retenu que ces actions doivent être non abusives, justifiées, proportionnées et trouver leur fondement dans une disposition de la législation nationale. Le traitement des données doit être légitime, nécessaire, il doit respecter l'équilibre entre les intérêts du responsale de traitement et les droits et libertés des personnes dont les données sont collectées. La mesure doit s'avérer proportionnée et nécessaire dans une société démocratique pour garantir la protection des droits et des libertés d'autrui ainsi que l'exécution des demandes de droit civil.

En tout état de cause, les *copyright trolls* peuvent solliciter des dommages et intérêts au même titre que les auteurs de l'œuvre.

Le stockage d'éléments probatoires par les prestataires techniques

19

1) L'obligation de stockage des données

Il est fait obligation aux prestataires de service en ligne de respecter des conditions précises dans la gestion des données. Les droits américain et européen ont introduit des réglementations spécifiques concernant leur gestion.

Les États-Unis ont ainsi voté le *Stored Communications and Transactional Records Act* de 1986 qui assure un régime plus protecteur que le Quatrième Amendement de la Constitution. Le problème des données communiquées en ligne est en effet qu'elles perdent leur caractère privé, ce qui écarte la protection de la vie privée prévue au Quatrième Amendement. La communication d'information à un prestataire de service en ligne fait donc obstacle à la protection du Quatrième Amendement. Enfin, ce dernier n'est opposable qu'aux gouvernements fédéraux et aux fédérés et non pas aux commerçants et *a fortiori* aux prestataires de service en ligne.

L'Union européenne place quant à elle la réglementation de la conservation des données sous la protection des directives (I) 95/46/CE relative à la protection des personnes physiques à l'égard du traitement des données à caractère personnel et à la libre circulation de ces données, et (II) 97/66/CE du Parlement européen et du Conseil du 15 décembre 1997 concernant le traitement des données à caractère personnel et la protection de la vie privée dans le secteur des télécommunications.

En Europe et aux États-Unis, les créateurs automatiques de liens (comme Google) devront veiller à ce que les données soient préservées. L'obligation de préservation implique que les données ne soient ni déformées ni endommagées. Cela permettra de cibler le véritable contrefacteur. En effet, si un doute devait surgir sur la véracité des données communiquées, elles devraient être écartées des débats judiciaires.

2) La protection des données contre des tiers

En outre, les créateurs automatiques de liens devront veiller à ce que des tiers n'aient pas accès sans autorisation aux données. Cette obligation ne peut constituer qu'une obligation de moyen – c'est-à-dire une obligation de fournir ses meilleurs efforts et non pas forcément d'atteindre un résultat déterminé – étant donné qu'aucune protection numérique n'est infaillible. Elle permet néanmoins de respecter le droit à la vie privée des internautes dans des proportions raisonnables et d'assurer la lutte contre les contrefaçons.

Malgré cette communauté d'approche, les deux droits divergent sur les sanctions concernant la violation des réglementations relatives aux données privées. Le droit français se montre beaucoup plus sévère que le droit américain. En effet, en France, si les données ne sont pas utilisées dans le cadre légal ou si elles sont détournées de leurs finalités, les créateurs automatiques de liens encourront une peine de cinq ans d'emprisonnement et de 300 000 euros d'amende. La communication des données à un tiers est punie de la même peine. Néanmoins, si elle a été faite par imprudence ou par négligence, la peine est réduite à un an de prison et 100 000 euros d'amende. Le droit américain condamne simplement à prendre des dispositions proportionnées afin de pallier le préjudice subi. Il n'y a donc pas de sanction de la violation des règles sur la conservation des données aux États-Unis. Le droit français se montre ainsi particulièrement sévère en la matière.

Lorsque les données ont été utilisées ou qu'elles sont supposées ne plus être pertinentes, les droits européen et américain font obligation aux créateurs de liens de les supprimer. Les deux droits divergent sur la question de l'obligation d'effacement des données. En effet, la directive 95/46/CE impose en son article 6 que les données soient conservées pendant une durée n'excédant « pas celle nécessaire à la réalisation des finalités pour lesquelles elles sont collectées ou pour lesquelles elles sont traitées ultérieurement ». L'article 6 de la directive 2006/24/CE a par la suite précisé que les données devaient être conservées « pour une durée minimale de six mois et maximale de deux ans à compter de la date de la communication ». Cette approche est très souple et ne correspond pas à la tradition relativement rigide du droit français.

Ainsi, le législateur français a introduit un délai précis. **L'article 3 du décret d'application n° 2011-219 du 25 février 2011 impose ainsi aux prestataires de service en ligne de supprimer les données au bout d'un an.**

Le droit américain en revanche ne prévoit pas de délai au-delà duquel les créateurs de liens auraient l'obligation d'effacer les données. Ce dernier a opté pour un système plus souple faisant dépendre la possibilité d'effacer les données de la saisine d'un juge. Cette obligation se trouvait limitée aux parties aux procès déjà initiés et les tiers ne pouvaient que rarement avoir l'obligation de maintenir des preuves. Étant donné qu'il n'y a pas de délai de stockage, les ayants droit auront tout intérêt à agir le plus rapidement possible avant que les données ne soient effacées. Le droit américain incite à agir dans les plus brefs délais et s'avère par conséquent plus en phase avec les spécificités de la contrefaçon sur Internet.

Les internautes auront donc intérêt à demander au juge d'ordonner une injonction pour obtenir les données personnelles des internautes que les prestataires de service en ligne stockent. Ces régimes diffèrent, mais se retrouvent sur un principe original de cogestion des conflits entre des agents privés et l'État.

La valeur probatoire de l'écrit numérique

20

Étonnamment, le développement des supports numériques a amené le législateur à proposer la première définition de l'écrit à l'article 1365 du Code civil : « L'écrit consiste en une suite de lettres, de caractères, de chiffres ou de tous autres signes ou symboles dotés d'une signification intelligible, quel que soit leur support. »

Le support est indifférent et peut par conséquent être analogique ou numérique. Il existe donc un principe d'équivalence qui s'applique aux différentes branches du droit.

1) Les règles de droit commun en matière commerciale et civile

Ainsi, en **matière commerciale**, le principe est celui de la liberté de la preuve entre commerçants. Cela signifie que les commerçants peuvent conclure des contrats de plusieurs milliards d'euros sans être obligés de rédiger un contrat. S'ils décident de rédiger un contrat, ils peuvent se constituer des preuves électroniques, notamment en conservant les contrats conclus en ligne ou en scannant les contrats conclus en ligne ou sur papier.

En **matière civile**, le Code civil dispose qu'au-delà d'une somme déterminée par décret – aujourd'hui 1 500 euros – les parties doivent conclure un contrat écrit. Les parties pourront par conséquent recourir à un écrit électronique étant donné que le principe des égalités formelles entre les écrits papier et numériques est consacré.

2) Les règles spéciales

Certains domaines ont cependant été exclus :

- les actes sous seing privé passés dans le domaine du droit de la famille et des successions – ils sont soumis à un encadrement par l'autorité publique (notamment les notaires ou les avocats pour les divorces par consentement mutuel par exemple);
- les actes sous seing privé relatifs à des sûretés personnelles ou réelles de nature civile ou commerciale, sauf s'ils sont passés par une personne pour les besoins de sa profession.

La **formalité du double original** : les contrats sur papier doivent être conclus en autant d'originaux qu'il y a de parties ayant des intérêts distincts. Pour les écrits électroniques, l'exigence d'une pluralité d'originaux est satisfaite lorsque l'acte est établi et conservé :

- si l'écrit permet de dûment identifier la personne dont il émane;
- s'il est établi et conservé dans des conditions de nature à en garantir l'intégrité;

– s'il est fait usage d'un procédé fiable d'identification de la personne dont il émane (la fiabilité de ce procédé est présumée lorsque la signature électronique est créée, l'identité du signataire assurée et l'intégrité de l'acte garantie).

Il est désormais possible de conclure électroniquement un acte authentique (article 1317 du Code civil). L'article 20 du décret n° 71-941 du 26 novembre 1971 (réformé le 10 août 2005) permet désormais de conclure un acte authentique devant notaire. Cependant, si une partie concourant à un acte authentique n'est ni présente ni représentée, son consentement ou sa déclaration est recueillie par un autre notaire devant lequel elle comparaît et qui participe à l'établissement de l'acte. Les actes établis sur support électronique seront conservés dans des conditions de nature à en préserver l'intégrité et la lisibilité au sein d'un « minutier central » dès son établissement par le notaire.

La publicité en ligne

21

L'Internet est devenu le premier médium de diffusion de publicité. La publicité en ligne a par conséquent fait l'objet d'une réglementation spéciale qui s'ajoute à la réglementation classique de la publicité traditionnelle.

1) Le principe de transparence de la publicité en ligne

L'article 6 de la directive n° 2000/31/CE dite « commerce électronique » introduit le principe de transparence de la publicité en ligne. Les publicitaires doivent ainsi diffuser des **publicités clairement identifiables** :

- la **personne** pour le compte de laquelle la communication commerciale est faite doit être **clairement identifiable** ;
- les **offres promotionnelles** telles que les rabais, les primes et les cadeaux, doivent être **clairement identifiables** comme telles et les conditions pour en bénéficier doivent être aisément accessibles et présentées de manière précise et non équivoque ;
- lorsqu'ils sont autorisés dans l'État membre où le prestataire est établi, les **concours ou jeux promotionnels doivent être clairement identifiables** comme tels et leurs conditions de participation doivent être aisément accessibles et présentées de manière précise et non équivoque.

2) L'encadrement des communications non sollicitées

Sont en outre encadrées les **communications non sollicitées (*spamming*)** basées sur le principe de l'*opt-in*, (article 13 de la directive n°2009/136 du 25 novembre 2009), c'est-à-dire qu'à défaut d'acceptation les personnes ne peuvent être contactées.

Sont concernées les utilisations de systèmes automatisés d'appel et de communication sans intervention humaine, de télécopieurs ou de courriers électroniques à des fins de prospection directe qui ne peuvent être utilisés que s'ils visent des abonnés ou des utilisateurs ayant donné leur consentement préalable.

Ne constitue en revanche pas une communication non sollicitée, dans le cadre de la vente d'un produit ou d'un service, le fait pour une personne physique ou morale d'obtenir de ses clients leurs coordonnées électroniques en vue d'envoyer un courrier électronique. Dans ces circonstances, il est possible d'utiliser les coordonnées de la personne concernée à des fins publicitaires pour des produits ou services similaires à ceux qu'elle fournit. Les personnes concernées doivent néanmoins avoir la possibilité de s'y opposer sans frais et de manière simple. Il est interdit de camoufler l'identité de la personne à l'origine du message publicitaire et de ne pas indiquer d'adresse valable.

3) La réglementation des cookies

Les **cookies** sont réglementés par la directive n° 2009/136/CE. Il s'agit de fichiers, générés par le serveur d'un site Internet ou par le serveur d'une application tierce, permettant de reconnaître un internaute lorsqu'il revient sur le site Internet et ainsi de conserver les préférences de l'utilisateur et d'offrir du contenu personnalisé. Les cookies ne sont pas explicitement visés par la directive no 2009/136/CE, mais son article 5, § 3 dispose que les États membres de l'Union européenne garantissent les deux points suivants :

- le stockage d'informations, ou l'obtention de l'accès à des informations déjà stockées, dans l'équipement terminal d'un abonné ou d'un utilisateur n'est permis qu'à condition que l'abonné ou l'utilisateur ait donné son accord ;
- après avoir reçu une information claire et complète, entre autres sur les finalités du traitement, le consentement des internautes au stockage de cookies sur leur ordinateur doit être établi de manière indubitable et, partant, la case cochée par défaut ne permet pas de retenir l'existence d'un consentement au stockage des données (le consentement de l'internaute n'est en effet pas présumé en droit européen).

Cette disposition ne fait pas obstacle à un stockage ou à un accès technique visant exclusivement à effectuer la transmission d'une communication par la voie d'un réseau de communications électroniques, ou strictement nécessaires au fournisseur pour la fourniture d'un service de la société de l'information expressément demandé par l'abonné ou l'utilisateur.

Enfin, la technique des *cookie walls* – c'est-à-dire le blocage de l'accès à un site Web ou à une application pour les personnes qui ne consentent pas au dépôt ou à la lecture de traceurs sur leur terminal – ne peut être interdite malgré l'opposition initiale de la CNIL.

La formation de restreinte de la CNIL a prononcé une sanction (CNIL, 27 juillet 2020, délib. N0SAN-2021-013, Société Le Figaro) à l'encontre de la société du Figaro pour manquement aux dispositions relatives aux cookies utilisés à partir de son site Internet. Rappelant qu'il est nécessaire d'informer la personne concernée de l'existence de cookies et de recueillir le consentement de la personne concernée, la CNIL a retenu qu'il est possible de sanctionner l'éditeur d'un site Internet pour le dépôt de cookies – même tiers – si les règles susmentionnées sont violées.

La vente en ligne de médicaments

22

La directive 2011/62/CE a retenu au considérant 21 que « **la vente illégale de médicaments au public *via* l'Internet représente une menace majeure pour la santé publique** étant donné que des médicaments falsifiés peuvent être distribués au public de cette manière. Il est nécessaire de répondre à cette menace ». L'Organisation mondiale de la santé a défini la « cybersanté » comme le fait d'utiliser « selon des modalités sûres et offrant un bon rapport coût/efficacité, les technologies de l'information et de la communication à l'appui de l'action de santé et dans des domaines connexes, dont les services de soins de santé, la surveillance sanitaire, la littérature sanitaire et l'éducation, le savoir et la recherche en matière de santé ».

Le commerce électronique de médicaments est défini à l'article L. 5125-33 du Code de la santé publique de la façon suivante : « l'activité économique par laquelle le pharmacien propose ou assure à distance et par voie électronique la vente au détail et la dispensation au public des médicaments à usage humain et, à cet effet, fournit des informations de santé en ligne ».

Le commerce électronique de médicaments est limité aux médicaments pouvant être obtenus sans ordonnance. La liste des officines autorisées à vendre des médicaments en ligne est disponible sur le site du ministère de la Santé ainsi que sur le site de l'Ordre des pharmaciens.

1) Le monopole de vente

Seuls les pharmaciens établis en France et titulaires d'une pharmacie d'officine, les pharmaciens gérants d'une pharmacie mutualiste ou d'une pharmacie de secours minière, lorsqu'ils sont autorisés par l'agence régionale de santé (ARS) dont ils dépendent, peuvent vendre des médicaments en ligne. À la suite de l'autorisation de l'ARS, le pharmacien a l'obligation d'informer le Conseil de l'Ordre des pharmaciens. La vente en ligne par une personne qui ne serait pas pharmacienne contrevient au monopole des pharmaciens et est passible de sanctions pénales (deux ans d'emprisonnement et 30 000 euros d'amende). La cessation d'activité d'une officine de pharmacie pratiquant la vente de médicametns en ligne a pour conséquence immédiate l'obligation de fermeture de son site Internet proposant l'achat de médicaments.

2) Les mentions obligatoires sur le site Internet

Le site Internet proposant des médicaments à la vente doit contenir plusieurs éléments obligatoires qui doivent être d'accès facile, direct et permanent :

– la raison sociale de l'officine ;

- les noms, prénoms du ou des pharmaciens responsables du site et de celui ou ceux proposant les médicaments ;
- l'adresse de l'officine ;
- l'adresse de courrier électronique ;
- le numéro de téléphone ;
- la dénomination sociale et les coordonnées de l'hébergeur du site Internet agréé par le ministère de la Santé ;
- le nom et l'adresse de l'agence régionale de santé territorialement compétente ;
- les coordonnées de l'Agence nationale de sécurité du médicament ;
- le numéro RPPS du ou des pharmacien(s) ;
- le numéro de licence de la pharmacie ;
- un hyperlien vers les sites Internet de l'Ordre national des pharmaciens et du ministère chargé de la Santé ;
- le logo permettant de contrôler que le site Internet figure sur la liste des sites autorisés pour l'activité de commerce électronique de médicaments ;
- un système d'alerte du pharmacien lorsque les quantités de médicaments commandés conduisent à un dépassement de la dose d'exonération indiquée pour chaque substance active ;
- le cas échéant, le numéro individuel d'identification relatif à l'assujettissement à la taxe sur la valeur ajoutée, le code APE (47.73 Z pour « Commerce de détail de produits pharmaceutiques en magasin spécialisé »), le numéro d'inscription au registre du commerce et des sociétés, le capital social, le numéro SIRET.

Étant donné qu'il s'agit d'une activité relevant de la société de l'information, la directive e-commerce est applicable. Partant, une officine peut proposer la vente en ligne de médicaments dans les autres pays de l'Union européenne. Le droit applicable sera celui de l'État dans lequel l'officine est située.

3) Le remboursement

Le remboursement de la cybersanté est autorisé par la directive européenne, mais il ne peut en résulter de violation des règles de libre concurrence. En tout état de cause, le remboursement de médicaments obtenus sans ordonnance reste exceptionnel.

4) Les sanctions

En cas de violation des règles applicables au commerce électronique de médicaments, le directeur général de l'ARS territorialement compétent peut :

- envoyer une lettre de mise en demeure au pharmacien ;
- prononcer la fermeture temporaire du site pour une durée maximale de 5 mois ;
- prononcer une amende administrative à l'encontre du pharmacien en l'assortissant, le cas échéant, d'une astreinte journalière.

Les jeux et paris en ligne

23

Les paris en ligne couvrent des domaines divers comme le poker, les courses et le sport (sport traditionnel et e-sport). Le secteur du pari sportif – dominé par le football – est en pleine croissance et pèse désormais plus de 5 milliards d'euros. La question notamment de l'addiction aux paris en ligne a amené le législateur à leur appliquer un régime spécial et à les sortir du champ d'application de la directive e-commerce.

Le droit de l'Union européenne se contente de protéger la libre circulation de services ainsi que la liberté d'établissement. Des limites peuvent être posées par les États membres dès lors qu'elles n'apparaissent pas disproportionnées au regard des objectifs susceptibles de les justifier.

Le législateur français a légiféré avec la loi du 12 mai 2010 en matière de paris en ligne... soit quelques semaines avant le début de la coupe du monde 2010 en Afrique du Sud.

1) Les intervenants sur le marché des paris en ligne

Les fédérations sportives, qui sont propriétaires des droits d'exploitation sur les compétitions sportives, peuvent désormais consentir à l'organisation de paris sur les manifestations ou compétitions sportives. Il s'agit de ce que d'aucuns appellent le droit aux paris sportifs. La liberté contractuelle des fédérations sportives est cependant limitée étant donné qu'elles ne peuvent contracter qu'avec des opérateurs de paris en ligne agréés par l'Autorité de régulation des jeux en ligne (ARJEL).

Les paris en ligne restent **interdits aux mineurs** (même émancipés). Les opérateurs de paris en ligne doivent par conséquent rappeler cette interdiction sur leurs sites Internet. En outre, les joueurs doivent renseigner leur date de naissance lors de leur inscription, qui doit être prouvée dans le délai d'un mois suivant l'inscription par l'envoi d'un justificatif d'identité et d'un justificatif de compte bancaire au nom du joueur.

2) La protection des parieurs

La **publicité des paris en ligne** est réglementée. Elle doit comporter une mise en garde contre le jeu excessif ou pathologique. Les opérateurs ne peuvent faire de publicité dans les publications, les services de communication audiovisuelle ou services en ligne destinés aux mineurs. Les paris en ligne peuvent faire l'objet de publicité dans les salles de cinéma, sauf lorsqu'est prévue la diffusion d'une œuvre accessible aux mineurs. Le parrainage d'événements destinés aux mineurs est également interdit. Toute violation de ces règles est pénalement sanctionnée d'une amende de 100 000 euros ou d'un montant égal au quadruple des dépenses publicitaires illicites.

Les parieurs sont protégés dans la mesure où leurs pertes sont limitées au montant de la mise. Sont ainsi interdits les paris dits à fourchette (*spread betting*) ainsi que les bourses de paris (*betting exchange*). En outre, les opérateurs doivent clôturer les comptes d'un joueur frappé d'une interdiction ou d'une exclusion et sont tenus d'informer les joueurs de l'existence d'un service public d'assistance téléphonique aux joueurs. Le jeu à crédit est interdit sous toutes ses formes.

Seuls les paris hippiques en ligne, les paris sportifs en ligne et les jeux de cercle en ligne faisant appel au savoir-faire et au sens stratégique des joueurs sont ouverts à la **concurrence**. Les autres domaines restent du monopole de la FDJ. Les sociétés de paris en ligne doivent obtenir un agrément auprès de l'Autorité de régulation des jeux en ligne (ARJEL) – ce qui signifie qu'aucun compte client ne peut être ouvert avant l'obtention de l'agrément – valable pour une durée de cinq ans renouvelable en justifiant :

– leur identité ;

– la probité de leurs dirigeants ;

– la réalité de leur activité économique ;

– leur solidité financière ;

– le fait que l'activité n'est pas exercée depuis un paradis fiscal ;

– l'ensemble des caractéristiques d'exploitation de leurs services en ligne ;

– la mise en place de systèmes antifraude.

De surcroît, les candidats à l'agrément doivent obtenir une double certification auprès d'un organisme indépendant choisi par l'opérateur sur une liste établie par l'ARJEL afin de contrôler les opérateurs, quel que soit leur lieu d'implantation. La première certification porte sur les moyens mis en œuvre pour assurer la transparence des opérations de jeu ainsi que la prévention des conflits d'intérêts (elle doit être obtenue dans le délai de six mois à compter de l'obtention de l'agrément). La seconde certification porte sur le respect par l'opérateur de l'ensemble de ses obligations légales et réglementaires (elle doit être obtenue dans le délai d'un an à compter de l'obtention de l'agrément).

Le **site Internet** doit avoir une adresse URL avec une extension en « .fr ». Les serveurs n'ont pas l'obligation de se trouver sur le territoire français, mais l'installation d'archivage doit obligatoirement s'y trouver.

PARTIE IV

Le droit pénal : entre nouvelles infractions et nouvelles modalités de commission des infractions

24 Le meurtre commandité

Le meurtre commandité est sans doute aussi vieux que l'humanité. La nouveauté introduite par l'émergence du numérique réside dans la rencontre entre le commanditaire et l'assassin qui peut se produire sur le Darknet. Le Darknet est une partie de l'Internet accessible grâce à un logiciel spécial. Il a initialement été développé pour permettre aux internautes d'échanger librement dans les pays totalitaires. Il est également utilisé pour les pires trafics (êtres humains, organes, homicides). Après des années de rumeurs, le magazine *Harper's* a dévoilé en 2019 qu'un meurtre avait été commandité sur Internet. Deux jeunes ont ainsi assassiné une victime à Moscou. Il convient de faire la distinction entre la responsabilité du commanditaire (1), du tueur à gages (2) et du serveur en ligne (3).

1) La responsabilité du commanditaire

Le Code pénal distingue la provocation suivie d'effet de la provocation non suivie d'effet.

Le commanditaire ne commet pas, par définition, l'assassinat. Il ne peut être poursuivi que pour complicité d'assassinat. Cependant, le Code pénal français réprime la complicité d'une infraction de la même façon que la commission de l'infraction. Le commanditaire sera donc condamné, pour complicité d'assassinat, à la réclusion criminelle à perpétuité. En effet, la différence entre un homicide et un assassinat réside dans l'existence d'une préméditation pour le second. En pratique, le commanditaire d'un meurtre ne peut que préméditer l'assassinat et sera par conséquent condamné conformément aux dispositions de l'article 221-3 du Code pénal. Les modalités de l'assassinat sont indifférentes (l'empoisonnement sera également puni d'une peine de réclusion à perpétuité).

Dans le cas de la provocation non suivie d'effet à commettre un assassinat ou un empoisonnement, est sanctionné le fait d'effectuer une offre ou promesse ou proposition de don, présent ou avantages quelconques. Il faut que l'assassinat ou l'empoisonnement n'ait été ni commis ni tenté, sans quoi il y aurait un commencement d'exécution et le commanditaire serait poursuivi pour complicité d'assassinat.

2) La responsabilité du tueur à gages

Les tueurs à gages engageront leur responsabilité pour assassinat (réclusion criminelle à perpétuité) dès lors qu'il y a un commencement d'exécution, indépendamment des modalités de l'assassinat (par arme, poison, etc.).

Pour que la qualification de tentative de meurtre puisse être retenue, l'intention de tuer doit se manifester par des actes tendant directement et immédiatement à donner la mort. Il en irait ainsi notamment lorsque la personne est préparée à donner la mort à la victime et que la police l'arrête.

3) La responsabilité du serveur en ligne

Le commanditaire et le tueur à gages se rencontrent – virtuellement – sur un serveur. Or, le serveur met à disposition les moyens de commettre l'infraction et pourrait, à ce titre, voir sa responsabilité engagée pour complicité d'assassinat. Cependant, conformément aux dispositions de la loi pour la confiance dans le commerce électronique, les serveurs n'engagent pas leur responsabilité dès lors qu'ils se contentent d'un rôle passif dans la circulation des informations sur leurs réseaux. Il serait nécessaire, pour engager leur responsabilité, d'apporter la preuve que le serveur avait forcément connaissance de la présence d'un contenu illicite sur son réseau. La jurisprudence s'est montrée – sauf en matière de droit d'auteur et de liberté d'expression – protectrice des serveurs. Il est cependant possible qu'à la faveur de l'amélioration des techniques un tribunal retienne qu'un serveur avait connaissance de la présence d'une annonce de tueur à gages et, à ce titre, engage la responsabilité du serveur pour complicité d'assassinat.

25 Le viol à distance

Le viol à distance est constitué par le fait de commanditer un viol – parfois à l'autre bout du monde – pour y assister en direct. Il y aurait plusieurs centaines de commanditaires de viols à distance en France prêts à payer quelques dizaines d'euros pour assister aux viols de personnes souvent mineures. Les commanditaires donnent parfois des ordres aux personnes effectuant le viol. La difficulté à laquelle sont confrontées les autorités – et notamment l'Office central pour la répression des violences aux personnes (OCRVP) – réside dans le fait que les commanditaires recherchent des commandes exclusives et, par conséquent, qu'aucune vidéo n'est enregistrée des viols et agressions sexuelles. La preuve est par conséquent difficile à apporter devant les juridictions.

En tout état de cause, le commanditaire est poursuivi pour complicité de viol ou d'agression sexuelle et sera, par conséquent, condamné pour viol ou pour agression sexuelle.

1) La définition de l'infraction et de l'agression sexuelle

Le viol est constitué en droit français par tout « acte de pénétration sexuelle, de quelque nature qu'il soit, commis sur la personne d'autrui ou sur la personne de l'auteur par violence, contrainte, menace ou surprise » (article 222-23 du Code pénal). Il est puni de quinze ans d'emprisonnement et de trente ans lorsqu'il est commis sur un mineur de moins de 15 ans, lorsque la victime a été mise en contact avec l'auteur des faits grâce à l'utilisation, pour la diffusion de messages à destination d'un public non déterminé, d'un réseau de communication électronique. Le viol est puni de la réclusion criminelle à perpétuité lorsqu'il est précédé, accompagné ou suivi de tortures ou d'actes de barbarie (article 222-26 du Code pénal).

Constitue une agression sexuelle toute atteinte sexuelle commise avec violence, contrainte, menace ou surprise (article 222-22 du Code pénal). L'agression sexuelle est punie de cinq ans de prison et de 75 000 euros d'amende, mais la répression s'élèvera à sept ans d'emprisonnement et 100 000 euros d'amende en cas de blessure entraînant une incapacité totale de travail supérieure à huit jours, lorsqu'elle est commise par plusieurs personnes agissant en qualité d'auteurs ou de complices, lorsque la victime a été mise en contact avec l'auteur des faits grâce à l'utilisation, pour la diffusion de messages à destination d'un public non déterminé, d'un réseau de communication électronique, et sont portées à dix ans d'emprisonnement et 150 000 euros d'amende lorsqu'elles sont imposées à un mineur de moins 15 ans.

Enfin, le fait de faire à une personne des offres ou des promesses ou de lui proposer des dons, présents ou avantages quelconques afin qu'elle commette un viol, y compris hors du territoire national, est puni, lorsque ce crime n'a été ni commis ni tenté, de dix ans d'emprisonnement et de 150 000 euros d'amende (article 222-26-1 du Code pénal).

2) La complicité du serveur

Le serveur met à disposition les moyens de commettre l'infraction et pourrait, à ce titre, voir sa responsabilité engagée pour complicité de viol ou d'agression sexuelle. Cependant, conformément aux dispositions de la loi pour la confiance dans le commerce électronique, les serveurs n'engagent pas leur responsabilité dès lors qu'ils se contentent d'un rôle passif dans la circulation des informations sur leurs réseaux. Il serait nécessaire, pour engager leur responsabilité, d'apporter la preuve qu'ils avaient forcément connaissance de la présence d'un contenu illicite sur leur réseau. La jurisprudence s'est montrée – sauf en matière de droit d'auteur et de liberté d'expression – protectrice des serveurs. Il est cependant possible qu'à la faveur de l'amélioration des techniques un tribunal retienne qu'un serveur avait connaissance de la présence d'une annonce présentant un caractère illicite et, à ce titre, engage la responsabilité du serveur pour complicité.

26 La consultation de sites pornographiques en ligne

La consultation de contenus pornographiques en ligne est par principe autorisée. Cependant, le droit français pose deux exceptions que sont la mise à disposition et la consultation de contenus pédopornographiques d'une part (1), et la consultation de contenus pornographiques au travail (2).

1) La mise à disposition et la consultation de contenus pédopornographiques en ligne

La France serait le troisième pays qui héberge le plus de contenus pédopornographiques derrières les Pays-Bas et les États-Unis. Sur ces sites, certaines photographies ou vidéos sont le fruit de chantage sexuel (appelé sextorsion) ou encore de selfies. Le rapport 2019 de la CNIL relève qu'il y a eu au cours de l'année 2019 18 177 demandes de la police visant à restreindre l'accès à des contenus terroristes ou pédopornographiques (les contenus pédopornographiques représentant 68% du total).

Le Code pénal condamne la pédopornographie à l'article 227-23 en distinguant entre les fournisseurs (A) et les consommateurs (B) de contenus pédopornographiques.

A. La mise à disposition de contenus pédopornographiques

L'article 227-23 du Code pénal dispose :

« Le fait, en vue de sa diffusion, de fixer, d'enregistrer ou de transmettre l'image ou la représentation d'un mineur lorsque cette image ou cette représentation présente un caractère pornographique est puni de cinq ans d'emprisonnement et de 75 000 euros d'amende. Lorsque l'image ou la représentation concerne un mineur de moins de 15 ans, ces faits sont punis même s'ils n'ont pas été commis en vue de la diffusion de cette image ou représentation.

Le fait d'offrir, de rendre disponible ou de diffuser une telle image ou représentation, par quelque moyen que ce soit, de l'importer ou de l'exporter, de la faire importer ou de la faire exporter, est puni des mêmes peines.

Les peines sont portées à sept ans d'emprisonnement et à 100 000 euros d'amende lorsqu'il a été utilisé, pour la diffusion de l'image ou de la représentation du mineur à destination d'un public non déterminé, un réseau de communications électroniques. »

L'image peut être une photographie, un dessin, un film voire une sculpture. Le sujet n'est pas nécessairement un véritable enfant : en effet, étant donné que c'est l'attitude de l'agent qui est incriminée et non pas l'atteinte au mineur, la mise à disposition de contenus pédopornographiques peut être constituée par une représentation d'un mineur même imaginaire et recréée par ordinateur par exemple.

En revanche, la simple nudité du mineur ne suffira pas à constituer le caractère pornographique du contenu (cela aurait eu pour effet de faire entrer dans l'illégalité de nombreux parents qui prennent des photos de leurs jeunes enfants nus). Il sera donc nécessaire de caractériser des attitudes particulières, un rôle auprès d'autres sujets mineurs ou majeurs, le cadre général, etc. Le créateur du contenu pourra éventuellement se réfugier derrière un fait justificatif comme l'état de nécessité, la permission de la loi ou encore un intérêt scientifique ou artistique. Seuls des contenus sexualisés seront qualifiés de pornographiques.

La loi distingue entre les mineurs de moins de 15 ans et les mineurs ayant entre 15 et 18 ans. Pour ces derniers, seule la création de contenus sexualisés ayant pour objectif de les diffuser sera réprimandée (sous réserve des dispositions relatives à la corruption de mineurs, qui consiste en un acte visant à éveiller ou à exciter la dépravation sexuelle chez un mineur). En revanche, pour les mineurs de moins de 15 ans, le délit sera constitué même si la production n'avait pas pour objectif la diffusion du contenu. La diffusion d'un contenu créé par autrui sera également sanctionnée.

B. Les consommateurs de contenus pédopornographiques

L'article 227-23 du Code pénal dispose :

« Le fait de consulter habituellement ou en contrepartie d'un paiement un service de communication au public en ligne mettant à disposition une telle image ou représentation, d'acquérir ou de détenir une telle image ou représentation par quelque moyen que ce soit est puni de cinq ans d'emprisonnement et de 75 000 euros d'amende. »

À l'origine, l'article 227-23 du Code pénal ne prévoyait pas cette infraction. Selon les tribunaux, le fait de consulter un site pédophile n'était pas constitutif de l'infraction de détention d'images pédophiles (cour d'appel de Lyon, 1er avril 2004, ministère public c. J.-L. B), ce qui pouvait surprendre étant donné que les photographies étaient temporairement copiées sur la mémoire RAM.

Aujourd'hui l'internaute sera condamné dès lors qu'il consulte un site proposant des contenus pédopornographiques régulièrement ou si les contenus sont payants.

La mention de la consultation régulière peut surprendre – voire choquer – mais elle doit être comprise de façon très restrictive. En effet, par analogie, nous rappellerons que la consultation régulière de sites à caractère terroriste est constituée dès la deuxième consultation. Partant, le Code pénal offre un droit à l'erreur à l'internaute qui pourrait ouvrir un site pédopornographique sans l'avoir voulu. En tout état de cause, il lui sera impossible d'affirmer qu'il n'avait pas la volonté de consulter un site pédopornographique s'il retourne sur le même site.

Le serveur met à disposition les moyens de commettre l'infraction et pourrait, à ce titre, voir sa responsabilité engagée pour complicité. Cependant, conformément aux dispositions de la loi pour la confiance dans le commerce électronique, les serveurs n'engagent pas leur responsabilité dès lors qu'ils se contentent d'un rôle passif dans la circulation des informations sur leurs réseaux. Il serait nécessaire, pour engager leur responsabilité, d'apporter la preuve que le serveur avait forcément connaissance de la présence d'un contenu illicite sur son réseau. La jurisprudence s'est montrée – sauf en matière de droit d'auteur et de liberté d'expression – protectrice des serveurs. Il est cependant possible qu'à la faveur de l'amélioration des techniques un tribunal retienne qu'un serveur avait connaissance de la présence d'une annonce présentant un caractère illicite et, à ce titre, engage la responsabilité du serveur pour complicité.

3) La consultation de sites pornographiques au travail

La consultation de sites pornographiques sur le lieu de travail a pu être considérée comme une faute insuffisamment grave pour justifier un licenciement.

Cependant, les juridictions pénales ont pu retenir que le fait, pour un salarié, de consulter des sites pornographiques et de stocker des contenus pornographiques sur son ordinateur professionnel constitue une infraction d'abus de confiance.

Le *happy slapping* 27

Le vidéolynchage – surnommé *happy slapping* – est une pratique consistant à filmer l'agression physique d'une personne. Le phénomène s'est développé avec l'Internet et les réseaux sociaux sur lesquels sont régulièrement échangés des contenus montrant des victimes d'agressions. Le mouvement de lutte contre ce phénomène est né dans la banlieue sud de Londres avant de se répandre dans le monde entier.

1) La définition de l'infraction

La pratique est réprimée depuis la loi du 5 mars 2007 relative à la prévention de la délinquance. L'article 222-33-3 du Code pénal vient ainsi interdire le *happy slapping* en ces termes :

« Est constitutif d'un acte de complicité des atteintes volontaires à l'intégrité de la personne prévues par les articles 222-1 à 222-14-1 et 222-23 à 222-31 et 222-33 et est puni des peines prévues par ces articles le fait d'enregistrer sciemment, par quelque moyen que ce soit, sur tout support que ce soit, des images relatives à la commission de ces infractions.

Le fait de diffuser l'enregistrement de telles images est puni de cinq ans d'emprisonnement et de 75 000 euros d'amende.

Le présent article n'est pas applicable lorsque l'enregistrement ou la diffusion résulte de l'exercice normal d'une profession ayant pour objet d'informer le public ou est réalisé afin de servir de preuve en justice. »

En conséquence, sera incriminé :

- **comme « complicité »**, le fait de filmer ou photographier les infractions pénales (actes de tortures et actes de barbarie, violences délictuelles, viols, agressions sexuelles – sont ainsi exclues : le meurtre (c'est-à-dire l'homicide avec préméditation), la séquestration et rétention arbitraire, les violences contraventionnelles, l'administration de substances nuisibles, la rébellion, les menaces, etc.), ce qui aura pour conséquence de condamner les preneurs d'images des mêmes peines que les auteurs directs de l'infraction ;
- **comme « auteur direct »**, le fait de diffuser les vidéos ou photographies – ce qui aura pour effet de condamner les auteurs à des peines de cinq ans d'emprisonnement et de 75 000 euros d'amende.

Tout type d'image pourra être inclus dans le fait d'enregistrer et ce, peu importe la qualité de l'image. Le lieu est également indifférent étant donné que la personne peut filmer à distance (et notamment en contrôlant une caméra de vidéosurveillance).

2) Les exceptions à l'infraction

Une immunité a été élaborée lorsque :

- l'enregistrement ou la diffusion résulte de l'exercice normal d'une profession ayant pour objet d'informer – cette immunité assure la protection des journalistes, mais laisse en suspens la question de l'internaute amateur filmant une agression afin de témoigner (voir à ce titre l'affaire de la gare du Nord en mars 2007 au cours de laquelle un jeune homme filmait et publiait sur une plate-forme en ligne les images des émeutes – l'immunité ne lui est *a priori* pas applicable et, dans l'hypothèse où la vidéo avait été remise à un média, il n'est pas certain que le fait de confier une vidéo à un journaliste confère au vidéaste l'immunité du journaliste) ;
- l'enregistrement ou la diffusion sont réalisés afin de servir de preuve en justice ;
- le commandement de l'autorité légitime ou l'autorisation de la loi (notamment l'ordre reçu par un fonctionnaire des forces de l'ordre de filmer des violences en cours d'exécution).

3) Les infractions connexes

Le *happy slapping* peut donner lieu à d'autres infractions :

- l'atteinte à l'intimité de la vie privée par la fixation ou l'enregistrement de l'image d'une personne se trouvant dans un lieu privé sans le consentement de celle-ci (article 226-1 du Code pénal) ;
- l'absence d'empêchement d'autrui à commettre un délit ou un crime contre l'intégrité corporelle d'une victime ;
- le défaut d'assistance à personne en péril.

Il est néanmoins arrivé que les tribunaux condamnent sur ces fondements des actes qui auraient pu relever de l'infraction de *happy slapping*.

4) La complicité du serveur

Le serveur met à disposition les moyens de commettre l'infraction et pourrait, à ce titre, voir sa responsabilité engagée pour complicité. Cependant, conformément aux dispositions de la loi pour la confiance dans le commerce électronique, les serveurs n'engagent pas leur responsabilité dès lors qu'ils se contentent d'un rôle passif dans la circulation des informations sur leurs réseaux. Il serait nécessaire, pour engager leur responsabilité, d'apporter la preuve que le serveur avait forcément connaissance de la présence d'un contenu illicite sur son réseau. La jurisprudence s'est montrée – sauf en matière de droit d'auteur et de liberté d'expression – protectrice des serveurs. Il est cependant possible qu'à la faveur de l'amélioration des techniques un tribunal retienne qu'un serveur avait connaissance de la présence d'une annonce présentant un caractère illicite et, à ce titre, engage la responsabilité du serveur pour complicité.

La vente d'êtres humains

28

L'Internet favorise, grâce à la démultiplication des flux et à l'anonymat, la traite d'êtres humains et l'esclavage moderne. Les flux migratoires constituent régulièrement l'occasion pour les trafiquants de « recruter » des personnes en Afrique ou en Asie et de les asservir une fois arrivées en Europe. Les victimes sont souvent placées dans le trafic de stupéfiants, la prostitution, les vols, etc.

Afin de lutter contre le trafic d'êtres humains, la convention du Conseil de l'Europe sur la lutte contre la traite des êtres humains est entrée en vigueur le 1er février 2008. Elle protège toutes les victimes (mineures ou majeures, hommes ou femmes), indépendamment de l'objectif de la traite (liée ou non à la criminalité organisée), et sanctionne l'exploitation sexuelle, le travail ou les services forcés, l'esclavage ou les pratiques analogues à l'esclavage, la servitude et le prélèvement d'organes.

1) La définition de l'infraction

En droit français, l'article 225-4-1 du Code pénal définit la traite des êtres humains comme « le fait de recruter une personne, de la transporter, de la transférer, de l'héberger ou de l'accueillir à des fins d'exploitation dans l'une des circonstances suivantes :

- soit avec l'emploi de menace, de contrainte, de violence ou de manœuvre dolosive visant la victime, sa famille ou une personne en relation habituelle avec la victime ;
- soit par un ascendant légitime, naturel ou adoptif de cette personne ou par une personne qui a autorité sur elle ou abuse de l'autorité que lui confèrent ses fonctions ;
- soit par abus d'une situation de vulnérabilité due à son âge, à une maladie, à une infirmité, à une déficience physique ou psychique ou à un état de grossesse, apparente ou connue de son auteur ;
- soit en échange ou par l'octroi d'une rémunération ou de tout autre avantage ou d'une promesse de rémunération ou d'avantages.

L'exploitation mentionnée au premier alinéa du présent I est le fait de mettre la victime à sa disposition ou à la disposition d'un tiers, même non identifié, afin soit de permettre la commission contre la victime des infractions de proxénétisme, d'agression ou d'atteintes sexuelles, de réduction en esclavage, de soumission à du travail ou à des services forcés, de réduction en servitude, de prélèvement de l'un de ses organes, d'exploitation de la mendicité, de conditions de travail ou d'hébergement contraires à sa dignité, soit de contraindre la victime à commettre tout crime[5] ou délit[6]. »

---

5 Crime : infraction punie par une peine d'emprisonnement supérieure à dix ans.

6 Délit : infraction punie par une peine d'emprisonnement égale ou inférieure à dix ans.

La traite des êtres humains est par conséquent constituée dès lors que les éléments suivants sont réunis :

- **élément matériel** : le prévenu doit recruter, transporter, **transférer, héberger ou accueillir une personne dans un contexte marqué** par l'emploi de menace, de contrainte, de violence ou de manœuvre dolosive visant la victime, sa famille ou une personne en relation habituelle avec la victime ; commission des faits par un ascendant ou par une personne ayant ou abusant de son autorité ; abus de la situation de vulnérabilité de la victime ; octroi d'une rémunération ou de tout autre avantage ou d'une promesse de rémunération ou davantage ;
- **élément moral** : il s'agit de la volonté de commettre l'infraction, à savoir que l'auteur de l'infraction doit avoir pour **objectif d'exploiter ou de faire exploiter la personne**.

2) Les sanctions de l'infraction

La traite d'êtres humains est punie de sept ans d'emprisonnement et de 150 000 euros d'amende. Si elle est pratiquée sur un mineur, la traite d'êtres humains est punie de dix ans d'emprisonnement et de 1 500 000 euros d'amende.

En outre, la traite d'êtres humains est punie de dix ans d'emprisonnement et de 1 500 000 euros d'amende dès lors qu'elle est facilitée par un réseau de communication électronique – ce qui englobe Internet et le réseau téléphonique classique. Le simple contact est insuffisant étant donné que l'infraction réprime uniquement le recrutement, le transport ou l'hébergement. La preuve de l'utilisation d'Internet sert, en pratique, surtout à apporter la preuve du caractère organisé de la bande.

3) La complicité du serveur

Le serveur met à disposition les moyens de commettre l'infraction et pourrait, à ce titre, voir sa responsabilité engagée pour complicité. Cependant, conformément aux dispositions de la loi pour la confiance dans le commerce électronique, les serveurs n'engagent pas leur responsabilité dès lors qu'ils se contentent d'un rôle passif dans la circulation des informations sur leurs réseaux. Il serait nécessaire, pour engager leur responsabilité, d'apporter la preuve que le serveur avait forcément connaissance de la présence d'un contenu illicite sur son réseau. La jurisprudence s'est montrée – sauf en matière de droit d'auteur et de liberté d'expression – protectrice des serveurs. Il est cependant possible qu'à la faveur de l'amélioration des techniques un tribunal retienne qu'un serveur avait connaissance de la présence d'une annonce présentant un caractère illicite et, à ce titre, engage la responsabilité du serveur pour complicité.

Le trafic de stupéfiants

29

L'Internet constitue un outil idéal pour les trafiquants de stupéfiants afin de proposer leurs marchandises et pour les acheteurs de trouver les vendeurs. À ce titre, le Darknet assure – notamment depuis le confinement – aux trafiquants des opportunités grandissantes. Le trafic de stupéfiants est matériellement constitué par la réunion de plusieurs éléments.

1) La définition de l'infraction

Il est avant tout nécessaire d'apporter la preuve qu'un produit stupéfiant a été utilisé. L'article 222-41 du Code pénal dispose que constituent des stupéfiants les substances ou plantes classées comme stupéfiants en application de l'article L. 5132-7 du Code de la santé publique renvoyant lui-même à l'arrêté du 22 février 1990 fixant la liste des substances classées comme stupéfiants (dernière modification le 17 mars 2015) incluant l'opium, la morphine, l'héroïne, la feuille de coca, la cocaïne, la codéine, l'amphétamine, le LSD-25, le MDMA (ecstasy), les champignons hallucinogènes, le khat, etc. Le cannabis est également classé comme stupéfiant et n'est pas classé selon sa teneur en THC (les autorisations sont limitées à l'utilisation du chanvre à des fins industrielles et commerciales, notamment dans l'industrie textile, automobile, etc., si la plante contient moins de 0,2 % de THC).

Il est également nécessaire d'apporter la preuve qu'un fait a été commis. Le fait matériel peut être constitué par deux grandes séries d'actes :

- **importation ou exportation de stupéfiants** : à titre d'exemple, l'importation est caractérisée dès lors que le bateau du prévenu entre dans les eaux territoriales françaises, même si sa destination était les Pays-Bas ;
- **transport, détention, offre, cession** : à ce titre, le fait d'être porteur de stupéfiants sur la voie publique caractérise à la fois le délit de détention et celui de transport.

2) Les sanctions

Les deux infractions susmentionnées sont punies de dix ans d'emprisonnement et de 7 500 000 euros d'amende.

En revanche, est puni de la réclusion criminelle à perpétuité et de 7 500 000 euros d'amende le fait de diriger ou d'organiser un groupement ayant pour objet le trafic de stupéfiants.

En outre, le tribunal peut prononcer la confiscation de la chose qui a servi ou qui était destinée à commettre l'infraction ou de la chose qui en est le produit (article 222-44, 7° du Code pénal). À ce titre, il serait envisageable de confisquer l'ordinateur ainsi que le serveur ayant servi à vendre des produits stupéfiants en ligne. De plus, l'article 131-39 du Code pénal autorise les juges à ordonner l'affichage de la décision prononcée ou la diffusion de celle-ci, soit par la presse écrite, soit par tout moyen de communication au public par voie électronique – c'est-à-dire sur Internet.

3) La complicité du serveur

Le serveur met à disposition les moyens de commettre l'infraction et pourrait, à ce titre, voir sa responsabilité engagée pour complicité. Cependant, conformément aux dispositions de la loi pour la confiance dans le commerce électronique, les serveurs n'engagent pas leur responsabilité dès lors qu'ils se contentent d'un rôle passif dans la circulation des informations sur leurs réseaux. Il serait nécessaire, pour engager leur responsabilité, d'apporter la preuve que le serveur avait forcément connaissance de la présence d'un contenu illicite sur son réseau. La jurisprudence s'est montrée – sauf en matière de droit d'auteur et de liberté d'expression – protectrice des serveurs. Il est cependant possible qu'à la faveur de l'amélioration des techniques un tribunal retienne qu'un serveur avait connaissance de la présence d'une annonce présentant un caractère illicite et, à ce titre, engage la responsabilité du serveur pour complicité.

Les injures en ligne

30

L'Internet, et tout particulièrement les réseaux sociaux et les blogs, sont devenus des lieux virtuels dans lesquels, notamment grâce au pseudonymat, les internautes se permettent d'injurier sans retenue d'autres internautes. Or, si la liberté d'expression est protégée en France et en Europe, elle peut être limitée conformément aux dispositions de l'article 4 de la Déclaration des droits de l'homme et du citoyen qui dispose que la « liberté consiste à pouvoir faire tout ce qui ne nuit pas à autrui ».

1) La définition de l'infraction

La loi de 1881 sur la liberté de la presse – qui est le réceptacle de la liberté d'expression – vient poser des limites à la liberté d'expression et notamment à l'injure. L'injure est une parole, un écrit, une expression quelconque de la pensée, adressés à une personne dans l'intention de la blesser ou de l'offenser. L'article 29 de la loi de 1881 définit l'injure : « Toute expression outrageante, terme de mépris ou invective qui ne renferme l'imputation d'aucun fait est une injure. » À titre d'exemple, constitue une injure le fait de présenter une société comme une association de malfaiteurs, de traiter une personne de poltron, d'escroc, de goujat, d'imbécile, etc.

L'injure est sanctionnée de différentes façons selon que la page Internet sur laquelle elle apparaît est privée ou publique :

– **injure dans un cadre privé (injure non publique) :** elle est sanctionnée par une contravention de 38 euros maximum ; elle est constituée lorsque la page est privée, c'est-à-dire qu'elle n'est accessible qu'au cercle familial et amical normal. À titre d'exemple, a été relaxée du chef d'injure publique la personne qui avait publié un contenu sans que soit apportée la preuve qu'elle était accessible aux amis des amis. Il en est allé de même dans une affaire dans laquelle les propos injurieux étaient diffusés par un salarié sur un compte Facebook accessible aux seules personnes agréées par lui et composant un groupe fermé de quatorze personnes étant donné que cela relève d'une conversation de nature privée. Le courrier électronique relève de la correspondance privée et, à ce titre, toute injure écrite dans un courriel relève de l'injure non publique. La pluralité de destinataires ne fait pas automatiquement perdre à l'e-mail son caractère confidentiel (il en est allé ainsi lorsqu'un courriel avait été adressé en copie aux deux sœurs du destinataire). En revanche, l'envoi à une liste importante de contacts ou à des personnes sans lien fait perdre au courrier électronique son caractère confidentiel et oblige à requalifier l'injure en injure publique ;

– **injure dans un cadre public** : elle est sanctionnée d'une amende de 12 000 euros et est constituée dès lors que la page est accessible à plus de personnes que le cercle normal de connaissances (et notamment aux amis des amis). À titre d'exemple, a été condamné pour injure publique le salarié ayant écrit sur une page Internet accessible à tous : « boulot de merde, boîte de merde, chef de merde… ».

En tout état de cause, si la responsabilité pénale est retenue, une faute civile sera constituée. L'auteur des propos injurieux devra ainsi indemniser la victime du préjudice moral résultant de l'insulte.

2) Les exceptions et le délai de prescription

L'auteur de propos injurieux peut bénéficier de justifications afin de ne pas engager sa responsabilité pénale. La bonne foi ne protégera pas l'auteur de propos injurieux. En revanche, l'excuse de provocation peut constituer une excuse de l'injure non publique.

Le délai pour agir est de trois mois à compter de la publication en ligne. Cependant, le délai recommence à courir dès lors qu'un hyperlien pointe vers le contenu injurieux. Étant donné qu'une page Internet est généralement pointée par plusieurs liens, le délai de prescription peut recommencer à courir plusieurs fois, ce qui place l'auteur des propos face à une insécurité qui ne prendra fin qu'à la suite de la suppression de l'injure.

3) La complicité du serveur

Le serveur met à disposition les moyens de commettre l'infraction et pourrait, à ce titre, voir sa responsabilité engagée pour complicité. Cependant, conformément aux dispositions de la loi pour la confiance dans le commerce électronique, les serveurs n'engagent pas leur responsabilité dès lors qu'ils se contentent d'un rôle passif dans la circulation des informations sur leurs réseaux. Il serait nécessaire, pour engager leur responsabilité, d'apporter la preuve que le serveur avait forcément connaissance de la présence d'un contenu illicite sur son réseau. La jurisprudence s'est montrée – sauf en matière de droit d'auteur et de liberté d'expression – protectrice des serveurs. Il est cependant possible qu'à la faveur de l'amélioration des techniques un tribunal retienne qu'un serveur avait connaissance de la présence d'une annonce présentant un caractère illicite et, à ce titre, engage la responsabilité du serveur pour complicité et ce d'autant plus qu'une liste d'insultes peut être établie assez facilement.

Les propos racistes, sexistes, homophobes ou handiphobes

31

Avant même l'invention de l'Internet, les *bulletin board systems* étaient utilisés par des groupes néonazis qui y trouvaient le moyen de relayer leur idéologie. Or, si la liberté d'expression est protégée en France et en Europe, elle peut être limitée conformément aux dispositions de l'article 4 de la Déclaration des droits de l'homme et du citoyen qui dispose que la « liberté consiste à pouvoir faire tout ce qui ne nuit pas à autrui ». Le droit français protège par conséquent les victimes de propos racistes, antisémites, xénophobes, homophobes et handiphobes.

1) La définition des infractions

Le droit français protège les victimes d'**injures raciales, ethniques, nationales, sexistes, homophobes ou handiphobes**. L'allégation d'injure doit être précise. À ce titre, dans une affaire où l'Union des étudiants juifs de France (UEJF) avait assigné neuf fournisseurs d'accès pour la diffusion de messages négationnistes en provenance de serveurs étrangers – et notamment situés aux États-Unis – afin qu'ils bloquent l'accès en France aux contenus, le tribunal a considéré qu'il ne pouvait pas se prononcer par voie de disposition générale et réglementaire. L'UEJF a par conséquent été déboutée de ses demandes.

Les injures racistes, sexistes, homophobes ou handiphobes sont punies comme suit :

– **pour les injures non publiques** : une contravention de 1 500 euros.

– **pour les injures publiques** : un an d'emprisonnement et 45 000 euros d'amende.

En outre, le droit français **interdit la provocation à la discrimination et à la haine raciale.** Cette infraction est constituée par la provocation à la discrimination, à la haine ou à la violence à l'égard d'une personne ou d'un groupe de personnes en raison de son origine ou de son appartenance ou de sa non-appartenance à une ethnie, une nation, une race ou une religion déterminée (article 24 de la loi de 1881).

L'auteur des propos provocateurs encourt les peines suivantes :

– **pour les injures non publiques** : 1 500 euros d'amende.

– **pour les injures publiques** : un an d'emprisonnement et 45 000 euros d'amende.

Toute personne publiant un message relevant de l'une de ces infractions pourra voir sa responsabilité pénale engagée. Les entreprises de presse ont l'obligation de nommer un directeur de publication – que l'entreprise de presse ne diffuse que sur papier ou uniquement en ligne. Ainsi, dans l'affaire dite « Assez de racailles » visant des musulmans, le fait que la personne ne soit pas à l'origine de la rédaction est indifférent. Ce qui importe c'est qu'il ait pris la responsabilité d'une nouvelle diffusion en mettant les propos en ligne, selon une présentation de son choix, sur son propre site. Le droit français a établi un régime de responsabilité en cascade, à savoir que le directeur engagera sa responsabilité, puis le codirecteur de la publication et enfin le producteur.

2) Le délai de prescription

Le délai de prescription est fixé à un an pour les propos racistes ou xénophobes. Cependant, la création d'un hyperlien vers un tel propos aura pour effet de faire courir un nouveau délai de prescription d'un an.

3) La complicité du serveur

Le serveur met à disposition les moyens de commettre l'infraction et pourrait, à ce titre, voir sa responsabilité engagée pour complicité. Cependant, conformément aux dispositions de la loi pour la confiance dans le commerce électronique, les serveurs n'engagent pas leur responsabilité dès lors qu'ils se contentent d'un rôle passif dans la circulation des informations sur leurs réseaux. Il serait nécessaire, pour engager leur responsabilité, d'apporter la preuve que le serveur avait forcément connaissance de la présence d'un contenu illicite sur son réseau. La jurisprudence s'est montrée – en matière de droit d'auteur et de liberté d'expression – protectrice des serveurs. Il est cependant possible qu'à la faveur de l'amélioration des techniques un tribunal retienne qu'un serveur avait connaissance de la présence d'une annonce présentant un caractère illicite et, à ce titre, engage la responsabilité du serveur pour complicité et ce d'autant plus qu'une liste d'insultes peut être établie assez facilement.

La protection de la réputation et l'usage abusif du « like »

32

1) La diffamation

Comme pour les injures, l'Internet et les réseaux sociaux ont offert un forum pour les propos diffamatoires. Or, si la liberté d'expression est protégée en France et en Europe, elle peut être limitée conformément aux dispositions de l'article 4 de la Déclaration des droits de l'homme et du citoyen qui dispose que la « liberté consiste à pouvoir faire tout ce qui ne nuit pas à autrui ».

La Commission dite Guinchard a proposé la dépénalisation du délit de diffamation. Les professionnels s'y sont opposés car la procédure civile est moins protectrice des libertés fondamentales que la procédure pénale. Le Livre vert des états généraux de la presse 2009 a ainsi recommandé le maintien de la sanction pénale. La diffamation constitue environ 80 % des délits de presse en France.

A. La définition de l'infraction

La diffamation est constituée par une allégation ou l'imputation d'un fait qui porte atteinte à l'honneur et à la considération d'une personne. La diffamation peut être raciste, sexiste ou homophobe. La personne doit être précisément ciblée, qu'il s'agisse d'une personne physique ou morale. Ainsi, une attaque contre les avocats a été considérée comme étant trop générale pour être qualifiée de diffamation. En revanche, dès lors que l'identification est rendue possible la diffamation sera constituée.

La personne ciblée doit être vivante. À défaut, le délit n'existe que si l'auteur a eu l'intention véritable et prouvée de porter atteinte à l'honneur ou à la considération des ayants cause vivants (ce qui a été débattu dans le cadre de l'affaire Grégory).

Il est également nécessaire que le message se réfère à un **fait précis et déterminé**. Ainsi, dans l'affaire Association SOS racisme c. P. Péan et autres, les passages consacrés à « la culture du mensonge et de la dissimulation » régnant chez les Tutsis au sujet de l'attentat ayant coûté la vie au chef d'État du Rwanda ne constituaient pas l'imputation d'un fait précis, mais révélaient plutôt l'expression d'un point de vue n'outrepassant pas les limites permises de la liberté d'expression et du débat démocratique.

Le fait précis doit attenter à **l'honneur de la personne**. L'honneur est constitué par le sentiment que l'on a de sa dignité morale. Constituent des atteintes à l'honneur l'allégation de faits contraires à l'honnêteté, à la loyauté et d'une façon générale à la morale. Le juge doit faire abstraction des considérations subjectives de la victime et adopter une approche objective. Cependant, la Cour de cassation (Cass. crim. 13 janvier 2016) a pu retenir une approche objective de l'atteinte à l'honneur. En l'espèce, deux hommes entretenaient une relation. L'un d'entre eux avait également une relation avec une jeune femme. Le premier voulait continuer sa relation avec son amant et a menacé le second de révéler son homosexualité. Poursuivi pour chantage, il a été condamné : les imputations relatives à l'existence d'une relation adultère de nature homosexuelle sont susceptibles de nuire à la liaison entre le jeune homme et la jeune fille et de préjudicier à l'image de l'intéressé sur le plan professionnel et par conséquent de « porter atteinte à l'honneur et à la considération de la victime appréciée au regard de sa situation concrète ».

En matière artistique et littéraire, les juges acceptent une grande liberté d'expression dans l'appréciation des œuvres sauf si la critique dégénère en critique personnelle. Il en est allé ainsi dans l'affaire dite Fanfan La Tulipe dans laquelle la critique avait écrit qu'il s'agissait d'une « canonnade de plaisanteries de comptoirs évidemment racistes », « d'épaisse connerie », de « nullité xénophobe ». La chambre de la presse a retenu que l'attaque visait l'œuvre et non pas l'auteur.

B. Les sanctions

La diffamation est punie de la façon suivante :

- **diffamation non publique** : 38 euros d'amende portés à 1 500 euros d'amende lorsque la diffamation présente un caractère raciste, sexiste, homophone ou handiphobe ;
- **diffamation publique** : 12 000 euros d'amende portés à un an d'emprisonnement et 45 000 euros d'amende lorsque la diffamation présente un caractère raciste, sexiste, homophone ou handiphobe.

En tout état de cause, la victime d'une diffamation pourra obtenir des dommages et intérêts pour le préjudice moral subi.

C. La complicité du serveur

Le serveur met à disposition les moyens de commettre l'infraction et pourrait, à ce titre, voir sa responsabilité engagée pour complicité. Cependant, conformément aux dispositions de la loi pour la confiance dans le commerce électronique, les serveurs n'engagent pas leur responsabilité dès lors qu'ils se contentent d'un rôle passif dans la circulation des informations sur leurs réseaux. Il serait nécessaire, pour engager leur responsabilité, d'apporter la preuve que le serveur avait forcément connaissance de la présence d'un contenu illicite sur son réseau. La jurisprudence s'est montrée – en matière de droit d'auteur et de liberté d'expression – protectrice des serveurs. Il est cependant possible qu'à la faveur de l'amélioration des techniques un tribunal retienne qu'un serveur avait connaissance de la présence d'une annonce présentant un caractère illicite et, à ce titre, engage la responsabilité du serveur pour complicité. Cela paraît particulièrement complexe pour la diffamation étant donné que l'atteinte à l'honneur est une conception éminemment humaine qu'une « intelligence artificielle » aurait du mal à comprendre.

Conseils pratiques

La victime d'une diffamation doit agir au plus vite et écrire à l'hébergeur pour lui demander la suppression du contenu.

2) L'usage abusif du « like »

Le pouce levé, aussi classiquement le « like », est une pratique devenue courante sur Internet. Depuis le pouce en l'air initial, d'autres logos sont venus s'ajouter aux différentes réactions que les internautes peuvent exprimer.

La pratique du « like » relève par principe de la liberté d'expression et de communication. Cependant, l'article 4 de la Déclaration des droits de l'homme et du citoyen (DDHC) prévoit des limites à la liberté notamment lorsque, conformément aux dispositions de l'article 11 de la DDHC, l'expression constitue un abus de la liberté dans les cas déterminés par la loi. La question se pose par conséquent de savoir si un « like » apposé sur un message illicite constitue une infraction.

A. Sur le harcèlement

Conformément aux dispositions des articles 222-33 et suivants du Code pénal, le harcèlement est une infraction d'habitude dont la caractérisation nécessite la réalisation à au moins deux reprises des agissements réprimés. Il en résulte qu'un « like » unique ne peut caractériser le fait de harcèlement par l'absence de répétition.

Il pourrait en aller différemment pour le harcèlement sexuel ou le harcèlement moral et ce depuis la loi n°2018-703 du 3 août 2018 renforçant la lutte contre les violences sexuelles et sexistes. Il sera cependant nécessaire d'apporter la preuve que les « comportements sont imposés à une même victime par plusieurs personnes, de manière concertée ou à l'instigation de l'une d'elles, alors même que chacune de ces personnes n'a pas agi de façon répétée » ou encore si ces « comportements sont imposés à une même victime, successivement, par plusieurs personnes qui, même en l'absence de concertation, savent que ces propos ou comportements caractérisent une répétition ».

Il sera également nécessaire d'apporter la preuve que le « like » constitue un comportement à connotation sexuelle ou sexiste portant atteinte à la dignité de la victime en raison de son caractère dégradant et humiliant, ou créant à son encontre une situation intimidante, hostile ou offensante. Cela ne sera tenu, *a priori*, que dans des cas circonstanciés et exceptionnels.

B. L'absence de fraude informatique

Le « like » peut être utilisé pour fausser le fonctionnement d'un algorithme ou d'un logiciel afin de le pousser à fournir un résultat différent de son fonctionnement normal. Le recours massif au « like » peut donc fausser le fonctionnement d'un algorithme.

Il n'est pas évident qu'un « like » corresponde à l'activation d'une fonctionnalité proposée par le logiciel informatique, alors que c'est l'introduction de cette donnée qui est l'élément matériel de l'infraction de fraude informatique. L'auteur d'un seul « like » non accompagné d'autres agissements ne peut donc se voir imputer une telle infraction. Il en irait de même pour l'instigateur d'une campagne de « like ».

C. Le « like » et les délits de presse

Il s'agit de l'hypothèse dans laquelle un internaute « likerait » un article dont le contenu violerait les dispositions de la loi de 1881 relative à la liberté de la presse.

Une réponse négative doit être apportée dès lors que l'approbation d'un message infractionnel par un « like » n'est pas l'équivalent des agissements visés par la loi qui sont la formulation ou la publication d'un contenu en contradiction avec les dispositions de la loi sur la liberté de la presse au moyen de tout outil de communication au public par voie électronique. En outre, il sera difficile d'apporter la preuve de l'existence de l'élément moral de commettre une telle infraction. Enfin, la Cour européenne des droits de l'Homme (CEDH) a retenu dans un arrêt en date du 15 juin 2021 que « l'acte d'ajouter une mention "j'aime" sur un contenu ne peut être considéré comme portant le même poids qu'un partage de contenu sur les réseaux sociaux, dans la mesure où une mention "j'aime" exprime seulement une sympathie à l'égard d'un contenu publié et non pas une volonté active de sa diffusion ».

Il en résulte que le recours au « like » est difficilement saisissable par le droit pénal. Le principe de la liberté d'expression s'applique au « like ».

Le cyberharcèlement

33

Le harcèlement *via* Internet (par courriel, sur les réseaux sociaux...) est appelé cyberharcèlement. Il ne s'agit pas d'une nouvelle réalité en soi, mais l'Internet a ouvert de nouveaux champs d'action permettant de harceler sans limites géographiques ni temporelles. Le cyberharcèlement décuple la dimension groupale du harcèlement en attaquant une communauté virtuelle. Il empêche également la fuite de la victime.

Le harcèlement moral est notamment sanctionné par le Code du travail afin de lutter contre les méthodes managériales inadmissibles. Le harcèlement au travail est constitué par le fait de harceler autrui par des propos ou comportements répétés ayant pour objet ou pour effet une dégradation des conditions de travail susceptible de porter atteinte à ses droits ou à sa dignité, d'altérer sa santé physique ou mentale ou de compromettre son avenir professionnel.

1) La définition de l'infraction

Le harcèlement moral est constitué par :

- **des propos ou comportements répétés**. La loi n'indique pas quels comportements peuvent constituer un harcèlement, ce qui implique que le juge devra adapter son analyse au cas par cas et en fonction des effets des propos. Le harcèlement n'est donc pas précisément défini afin d'assurer la meilleure adaptation possible de la notion aux situations nouvelles, mais recoupe assez largement les hypothèses suivantes de comportements prohibés : sanctions ou menaces de sanctions injustifiées ou non suivies d'effet, refus d'aménager les horaires du salarié d'une façon qui lui convienne, ingérences dans la vie personnelle du salarié (par exemple en interdisant à une salariée d'être malade ou en lui conseillant de ne plus faire d'enfant), surveillance tatillonne (par exemple en sifflant les employés pour les appeler, en leur interdisant de quitter leur poste pour aller aux toilettes, en modifiant les horaires de travail en coupant la journée en plusieurs créneaux pour les obliger à faire des navettes entre leur domicile et le lieu de travail), affectation du salarié à des tâches ne correspondant pas à ses qualifications (par exemple en confiant à un salarié des tâches subalternes mal définies), insultes, menaces ou critiques adressées à son endroit, voire brimades. Exception : le **harcèlement sexuel** qui est constitué dès la première occurrence ;
- **des propos ou comportements entraînant ou, simplement, visant à entraîner une dégradation des conditions de travail de la victime** : la dégradation des conditions de travail de la victime sera caractérisée par un changement de ces conditions. La dégradation des conditions de travail doit enfin être « susceptible de porter atteinte » au « droit et à la dignité » de la victime, « d'altérer sa santé physique ou mentale » ou de « compromettre son avenir professionnel », autant de conséquences du comportement incriminé préjudiciables à la victime. La simple possibilité d'une dégradation suffit à consommer le délit de harcèlement moral ;

– **une dégradation des conditions de travail devenant elle-même susceptible de porter préjudice à la victime** : le préjudice est constitué par une altération de la santé physique ou mentale, ou une compromission de son avenir professionnel.

2) Les sanctions

Le harcèlement est puni de deux ans d'emprisonnement et de 30 000 euros d'amende. En outre, le jugement peut être publié aux frais de la personne condamnée – et notamment sur son site Internet – ou inséré dans un journal. La victime de harcèlement peut également obtenir des dommages et intérêts pour le préjudice subi.

L'utilisation d'un service de communication au public en ligne ou par le biais d'un support numérique ou électronique constitue une circonstance aggravante du harcèlement qui sera dès lors puni de trois ans d'emprisonnement et de 45 000 euros d'amende si une des conditions suivantes est remplie :

– lorsqu'ils ont causé une incapacité totale de travail supérieure à huit jours ;
– lorsqu'ils ont été commis sur un mineur de moins de 15 ans ;
– lorsqu'ils ont été commis sur une personne dont la particulière vulnérabilité, due à son âge, à une maladie, à une infirmité, à une déficience physique ou psychique ou à un état de grossesse, est apparente ou connue de leur auteur ;
– lorsqu'un mineur était présent et y a assisté.

Le harcèlement étant un délit, il se prescrit au bout de trois ans à compter de la dernière occurrence du harcèlement.

La diffusion d'informations permettant la fabrication d'engins de destruction

34

L'Internet constitue pour les terroristes un lieu de rencontre, de recrutement et de diffusion de leurs idées et informations. Le droit pénal a par conséquent introduit une répression « anticipée » du terrorisme, c'est-à-dire une interdiction de faits nécessaires à la commission d'un acte terroriste.

Ainsi, afin de lutter plus efficacement contre la circulation d'informations à usage terroriste, l'infraction de diffusion d'informations permettant la fabrication d'engins de destruction a été créée par la loi n° 2004-204 du 9 mars 2004 puis modifiée par la loi n° 2016-731 du 3 juin 2016 renforçant la lutte contre le crime organisé, le terrorisme et leur financement, et améliorant l'efficacité et les garanties de la procédure pénale.

1) La définition de l'infraction

Cette infraction (article 332-6-1 du Code pénal) consiste dans le fait de diffuser par tout moyen, sauf à destination des professionnels, des procédés permettant la fabrication d'engins de destruction élaborés à partir :

- de poudre ou de substances explosives ;
- de matières nucléaires, biologiques ou chimiques ;
- de tout autre produit destiné à l'usage domestique, industriel ou agricole.

2) Les sanctions

Il s'agit d'un délit puni d'une peine d'emprisonnement de trois ans et de 45 000 euros d'amende. Les peines sont portées à cinq ans d'emprisonnement et 75 000 euros d'amende si un réseau de communication électronique à destination d'un public non déterminé a été utilisé.

3) La complicité du serveur

Le serveur mettant à disposition les moyens de commettre l'infraction pourrait, à ce titre, voir sa responsabilité engagée pour complicité. Cependant, conformément aux dispositions de la loi pour la confiance dans le commerce électronique, les serveurs n'engagent pas leur responsabilité dès lors qu'ils se contentent d'un rôle passif dans la circulation des informations sur leurs réseaux. Il serait nécessaire, pour engager leur responsabilité, d'apporter la preuve que le serveur avait forcément connaissance de la présence d'un contenu illicite sur son réseau. La jurisprudence s'est montrée – en matière de droit d'auteur et de liberté d'expression – protectrice des serveurs. Il est cependant possible qu'à la faveur de l'amélioration des techniques un tribunal retienne qu'un serveur avait connaissance de la présence d'une annonce présentant un caractère illicite et, à ce titre, engage la responsabilité du serveur pour complicité. Cela paraît particulièrement complexe pour la diffusion d'informations permettant la fabrication d'engins de destruction étant donné que les méthodes apparaissent difficilement analysables par un ordinateur.

Les atteintes aux correspondances émises, transmises ou reçues par voie électronique

35

L'article 226-15 du Code pénal sanctionne les atteintes aux correspondances émises, transmises ou reçues par voie électronique. L'infraction est composée d'un élément matériel (1) et d'un élément moral, c'est-à-dire volontaire (2). Des justifications (3) pourront permettre d'écarter les sanctions (4).

1) L'élément matériel de l'infraction

La notion de correspondance privée n'est pas définie par la loi, mais elle définit le courrier électronique comme «tout message, sous forme de texte, de voix, de son ou d'image, envoyé par un réseau public de communication, stocké sur un serveur du réseau ou dans l'équipement terminal du destinataire jusqu'à ce que ce dernier le récupère» (loi n° 2004-575 du 21 juin 2004).

L'interception des correspondances est interdite. Il est pour cela nécessaire que la correspondance n'ait pas encore été reçue ou n'ait pas encore été appréhendée par le destinataire. En ce qui concerne les envois de courriels ou de SMS, l'interception en cours d'envoi sera rarement constituée étant donné que la réception s'effectue en un trait de temps suivant l'envoi. Elle aura plus souvent vocation à s'appliquer jusqu'à ce que le destinataire ouvre le message.

Est ainsi interdit le fait, pour une société gérant une boîte aux lettres électronique, d'intercepter les messages enregistrés et de les transférer sur un autre support, ou encore d'intercepter les échanges radio entre différentes patrouilles de police, ou de détourner un courriel destiné à son salarié.

La lecture et la copie d'un message destiné à autrui ne devraient *a priori* pas constituer un vol. En effet, le vol suppose un élément corporel. Cependant, la Cour de cassation a admis le vol de contenu informationnel d'une disquette (Cass. crim., 9 septembre 2003, n° 02-87098) ainsi que l'appropriation frauduleuse d'informations personnelles sur un réseau informatique (Cass. crim., 28 juin 2017, n° 16-84113). En conséquence, il serait possible de retenir l'existence d'un vol de correspondance électronique déjà ouvert.

La divulgation d'une correspondance électronique est réprimée à part entière. Il en sera ainsi de la personne qui enregistre une conversation téléphonique à l'insu de son correspondant et qu'il fait écouter à un tiers.

2) L'élément moral de l'infraction

L'élément moral est constitué par la volonté de l'agent d'attenter au secret de la correspondance.

La preuve de l'élément intentionnel étant difficile à apporter, les juges peuvent déduire la volonté d'une série d'éléments : il en a été ainsi lorsque l'employeur a produit en justice des courriers électroniques reçus par son salarié après avoir accédé à sa messagerie en utilisant son mot de passe. En revanche, lorsque la personne à l'origine de l'interruption est autorisée par la loi – notamment les policiers autorisés à effectuer une interception judiciaire sur demande du juge d'instruction –, l'infraction ne lui sera pas opposable.

3) Les justifications

Il est possible de commettre une infraction dès lors qu'elle est nécessaire à l'exercice des droits de la défense. Il en va de même lorsque la personne affirme être victime de diffamation, ce qui l'autorise à produire les pièces permettant d'établir la vérité des faits ou sa bonne foi. La procédure de divorce permet également de produire des correspondances de son époux.

4) Les sanctions

La violation du secret des correspondances est punie d'un an d'emprisonnement et de 45 000 euros d'amende. Le tribunal pourra prononcer, à titre de peines complémentaires : l'interdiction des droits civiques, civils et de famille ; l'interdiction d'exercer l'activité professionnelle ou sociale dans l'exercice ou à l'occasion de l'exercice au cours duquel l'infraction a été commise ; l'interdiction pour une durée de cinq ans au plus de détenir ou de porter une arme soumise à autorisation ; l'affichage ou la diffusion de la décision prononcée, dans les conditions prévues par l'article 131-35, ainsi que la confiscation de la chose qui a servi ou qui était destinée à commettre la violation du secret de la correspondance ou qui en est le produit.

Le délai de prescription est de six ans.

L'intrusion dans un serveur informatique

36

Chaque année plus de 10 millions d'attaques informatiques visent des entreprises françaises ou des personnes résidant en France.

Afin de protéger les intérêts industriels du pays, mais également pour protéger la vie privée des citoyens, le législateur a créé le délit d'introduction, de suppression ou de modification de données à l'article 323-3 du Code pénal (1) ainsi que le délit d'accès ou de maintien frauduleux dans un système de traitement automatisé de données (STAD) à l'article 232-1 du Code pénal (2).

1) Délit d'introduction, de suppression ou de modification de données

L'article 323-3 du Code pénal incrimine « le fait d'introduire frauduleusement des données dans un système de traitement automatisé, d'extraire, de détenir, de reproduire, de transmettre, de supprimer ou de modifier frauduleusement les données qu'il contient ».

Cet article permet de réprimer l'introduction d'un virus dans un système informatique ainsi que tout ajout de données. La suppression des données est également réprimée. Le législateur a par exemple consacré ce qui était initialement traité sous l'angle du vol – au prix d'un manque de rigueur que nous avons abordé au sujet des atteintes aux correspondances.

Le vol de données personnelles est par conséquent interdit. Est ainsi sanctionné celui qui réalise une simple copie de données demeurant à la disposition de leur légitime propriétaire. La valeur immatérielle des données est ainsi protégée.

L'élément intentionnel doit être prouvé. La cour d'appel de Paris (CA Paris, 14 janvier 1997, n° 020128) a retenu à ce titre que l'introduction d'un virus dans un système informatique démontre de façon évidente la volonté délibérée du délinquant.

A constitué une violation des dispositions de l'article 323-3 :

- une modification, par l'agent administratif employé à la division des examens, sur le logiciel informatique de gestion des notes de candidats, leur permettant d'obtenir leur diplôme ;
- une modification des données des clients lorsque l'accès au fichier n'était pas autorisé ;
- l'introduction d'un virus dans un système informatique.

L'infraction est punie d'une peine de cinq ans d'emprisonnement et de 150 000 euros d'amende, qui passe à sept ans d'emprisonnement et 300 000 euros d'amende lorsqu'elle est commise à l'encontre d'un système de traitement automatisé de données à caractère personnel mis en œuvre par l'État. En pratique, les peines prononcées sont plus légères.

2) Délit d'accès ou de maintien frauduleux dans un STAD

Le délit est constitué par le fait d'entrer – ou de se maintenir – dans un système de traitement automatisé de données.

L'accès frauduleux vise tous les modes de pénétration irréguliers d'un système de traitement automatisé de données. Sera ainsi sanctionnée la personne qui, en utilisant des identifiants ne lui appartenant pas, s'introduit sur un système informatique en se faisant passer pour le titulaire légitime. Sera également sanctionnée la personne saturant la bande passante d'un STAD en lui envoyant une grande quantité de courriers électroniques et de gros fichiers dans l'intention de lui causer un préjudice commercial. Est coupable de maintien dans un STAD la personne qui perd l'autorisation d'accès à un STAD, mais qui y reste.

Le délit d'accès ou de maintien frauduleux dans un STAD est puni de deux ans d'emprisonnement et de 60 000 euros d'amende.

3) Le délit d'entrave

L'article 323-2 du Code pénal dispose que :

« Le fait d'entraver ou de fausser le fonctionnement d'un système de traitement automatisé de données est puni de cinq ans d'emprisonnement et de 150 000 euros d'amende.

Lorsque cette infraction a été commise à l'encontre d'un système de traitement automatisé de données à caractère personnel mis en œuvre par l'État, la peine est portée à sept ans d'emprisonnement et à 300 000 euros d'amende ».

Cette infraction recouvre notamment l'hypothèse dite de « déni de service » qui se traduit par une saturation du site Internet le rendant inaccessible. Il en va ainsi notamment en cas de « *mail bombing* », c'est-à-dire d'envoi en grand nombre de messages afin de bloquer le fonctionnement normal d'un site ou d'une boite e-mail.

La consultation habituelle de sites terroristes

37

Inquiet de la prolifération de la propagande terroriste sur Internet, le législateur s'est attaché à endiguer la propagande (considérée comme la source du mal terroriste). Le Code pénal a ainsi été réformé afin de réprimer les destinataires des contenus à caractère terroriste dans le but d'éviter la propagation des idéologies terroristes.

L'article 421-2-5-2 du Code pénal réprime « le fait de consulter habituellement et sans motif légitime un service de communication au public en ligne mettant à disposition des messages, images ou représentations soit provoquant directement à la commission d'actes de terrorisme, soit faisant l'apologie de ces actes lorsque, à cette fin, ce service comporte des images ou représentations montrant la commission de tels actes consistant en des atteintes volontaires à la vie ».

1) La définition de l'infraction

L'infraction est constituée par :

– **une consultation habituelle** : la consultation habituelle ne nécessite que deux consultations ;

– **la manifestation de l'adhésion à l'idéologie exprimée sur ce service** : ce critère supplémentaire a été ajouté suite à la censure du Conseil constitutionnel de la première loi introduisant l'infraction de consultation habituelle de site terroriste. Il est donc désormais nécessaire d'apporter la preuve d'une adhésion intellectuelle. Ce critère supplémentaire permet de combiner la lutte contre le terrorisme avec la liberté de pensée et de communication (partant du principe que le simple fait de consulter des sites terroristes ne signifie pas forcément une adhésion aux idées qui y sont promues).

Décision n° 2017-682 du Conseil constitutionnel en date du 15 décembre 2017
(décision ayant amené le législateur à revoir les critères de l'infraction de consultation habituelle de site terroriste)

14. […] s'agissant des exigences d'adaptation et de proportionnalité requises en matière d'atteinte à la liberté de communication, les dispositions contestées n'imposent pas que l'auteur de la consultation habituelle des services de communication au public en ligne concernés ait la volonté de commettre des actes terroristes. Si le législateur a ajouté à la consultation, comme élément constitutif de l'infraction, la manifestation de l'adhésion à l'idéologie exprimée sur ces services, cette consultation et cette manifestation ne sont pas susceptibles d'établir à elles seules l'existence d'une volonté de commettre des actes terroristes. Les dispositions contestées répriment donc d'une peine de deux ans d'emprisonnement le seul fait de consulter à plusieurs reprises un service de communication au public en ligne, sans que soit retenue l'intention terroriste de l'auteur de la consultation comme élément constitutif de l'infraction.

15. En outre, si le législateur a exclu la pénalisation de la consultation lorsqu'elle répond à un « motif légitime » alors qu'il n'a pas retenu l'intention terroriste comme élément constitutif de

l'infraction, la portée de cette exemption ne peut être déterminée en l'espèce, faute notamment qu'une personne adhérant à l'idéologie véhiculée par les sites en cause paraisse susceptible de relever d'un des exemples de motifs légitimes énoncés par le législateur. Dès lors, les dispositions contestées font peser une incertitude sur la licéité de la consultation de certains services de communication au public en ligne et, en conséquence, de l'usage d'Internet pour rechercher des informations.

16. Il résulte de tout ce qui précède que les dispositions contestées portent une atteinte à l'exercice de la liberté de communication qui n'est pas nécessaire, adaptée et proportionnée. L'article 421-2-5-2 du Code pénal doit donc, sans qu'il soit besoin de statuer sur les autres griefs, être déclaré contraire à la Constitution.

2) Les exceptions

L'infraction ne s'applique pas en cas de motif légitime constitué par :

- **l'exercice normal d'une profession ayant pour objet d'informer le public, intervenant dans le cadre de recherches scientifiques** : ce motif légitime autorise les chercheurs et les enseignants universitaires à consulter des sites terroristes dans le cadre de leurs recherches ;
- **une information** réalisée afin de servir de preuve en justice : ce motif permet notamment aux agents de police, mais également aux avocats voire aux parties à un procès, de consulter un site afin d'apporter des preuves à un procès et à se défendre ;
- **une consultation s'accompagnant d'un signalement des contenus de ce service aux autorités publiques compétentes** : ce motif permet de protéger les lanceurs d'alerte qui trouveraient un site proposant des contenus de nature terroriste et qui en informeraient les services de l'État compétents. Il n'est *a priori* pas suffisant d'informer un journaliste ou un syndicat pour bénéficier du motif légitime, mais plutôt les services de police voire les services du parquet.

3) Les sanctions

La consultation est punie de deux ans d'emprisonnement et de 30 000 euros d'amende. La prescription est de vingt ans à compter de la commission de l'infraction.

PARTIE V

La procédure pénale : des adaptations des règles d'enquête et de procédure

38 Les services de lutte contre la cybercriminalité en France

Les services de police ainsi que de gendarmerie sont mobilisés pour lutter contre la cybercriminalité. Le ministère de l'Économie a également pris des mesures.

1) La police

En ce qui concerne la **police**, la Sous-Direction de lutte contre la cybercriminalité (SDLC) a été créée le 29 avril 2014. Elle agit aussi bien en prévention qu'en répression.

La SDLC comprend :

- un bureau de coordination stratégique : il est notamment chargé de la communication interne et externe au sujet de la cybercriminalité ;
- un bureau de l'Internet : il est en charge de la collecte d'informations relatives aux fournisseurs de services sur l'Internet et de l'intervention pour les dossiers prioritaires ;
- un bureau de la formation à la lutte contre la cybercriminalité : il a pour mission d'assurer la formation des investigateurs en cybercriminalité ;
- une division de l'anticipation et de l'analyse : elle mène une surveillance de la cybercriminalité et fournit une analyse technique ;
- l'Office central de lutte contre la criminalité liée aux technologies de l'information et de la communication (OCLCTIC), qui comprend quatre sections :
  - une section de l'Internet : elle est dédiée au traitement des contenus illicites de l'Internet et gère la plate-forme Info Escroqueries,
  - une section opérationnelle : elle s'occupe de la répression des atteintes aux systèmes de traitement automatisé de données (notamment en cas de piratage), des atteintes aux systèmes de paiements, etc.,
  - une section d'assistance technique, de recherche et de développement chargée de l'exploitation forensique des supports numériques et de l'élaboration de nouveaux outils d'investigation numériques,
  - une section des relations internationales.

2) La gendarmerie

En ce qui concerne la **gendarmerie**, des unités ont été créées :

- **le département de cybercriminalité du Service technique de recherches judiciaires et de documentation (STRJD)** : il est en charge de la surveillance du réseau en recherchant les infractions portant atteinte aux personnes et aux biens et relatives à la transmission de données à caractère illicite sur Internet ;
- **le département informatique et électronique de l'Institut de recherche criminelle de la Gendarmerie nationale (IRCGN)** : le département a pour mission de déve-

lopper des méthodes, des outils et des logiciels permettant de détecter automatiquement des images pédophiles ou d'extraire des données ;

- **le Centre d'images pédopornographiques (CNAIP) en collaboration avec la Police nationale :** il collecte et classe les contenus pédopornographiques, assiste les enquêteurs et effectue des rapprochements judiciaires ;
- **gendarmerie N-Tech,** dont la mission consiste à assurer la formation des unités.

3) Le ministère de l'Économie

Le **ministère de l'Économie** a également pris des dispositions pour lutter contre la cybercriminalité. En effet, les enjeux économiques de la cybercriminalité se chiffrent en centaines de milliards d'euros. La cellule cyberdouane de la Direction nationale du renseignement et des enquêtes douanières (DNRED), le service de Traitement du renseignement et action contre les circuits financiers clandestins (Tracfin), et le Service national des enquêtes de la Direction générale de la concurrence, de la consommation et de la répression des fraudes (DGCCRF) constituent les bras armés du ministère. En 2014, la cellule cyberdouane s'est fait connaître en démantelant un trafic de stupéfiants sur Internet et en récupérant une centaine de plants de cannabis.

En outre, le service de Traitement du renseignement et action contre les circuits financiers clandestins (**Tracfin**) lutte contre la cybercriminalité. Sa mission consiste principalement à lutter contre les circuits financiers clandestins, le blanchiment d'argent et le financement du terrorisme.

39 La coopération européenne et internationale judiciaire et policière

Les services français ont besoin de recourir aux services de l'Union européenne ainsi qu'à des services internationaux et étrangers pour lutter contre une délinquance par définition internationale. La coopération est organisée notamment par l'Union européenne et par Interpol.

1) L'organisation européenne

La coopération européenne en matière judiciaire et policière est fondée sur le respect des droits fondamentaux. Elle vise à prévenir et à repérer les infractions pénales commises dans l'Union européenne et à mener des enquêtes.

L'UE a créé Europol, dont le principal objectif consiste à rendre l'Union plus sûre. L'agence soutient les États membres dans leur lutte contre le terrorisme, la cybercriminalité et d'autres formes graves de criminalité organisée. Elle traite également avec des pays tiers et partenaires.

Europol a mis en place plusieurs unités dont :

- **le Centre européen de lutte contre la cybercriminalité** : son objectif consiste à renforcer la réponse des services répressifs à la cybercriminalité, à protéger les citoyens, les entreprises ainsi que les gouvernements contre la criminalité sur Internet. Il constitue un centre d'appui aux opérations des services répressifs, propose un centre névralgique d'échange d'informations sur les activités criminelles ainsi qu'un centre d'expertise en matière de répression de la criminalité. Il assure une évaluation de la menace que représente la grande criminalité organisée (recense et évalue les menaces émergentes, détaille la structure des groupes criminels organisés), fournit des rapports sur la situation et les tendances du terrorisme en Europe ainsi qu'un compte rendu d'activité. Il assure la coordination avec l'Unité de coopération judiciaire de l'Union européenne (dite Eurojust) ;
- **la Coalition coordonnée contre les atteintes à la propriété intellectuelle (IPC3) :** elle assure un soutien opérationnel et technique aux services répressifs et aux autres partenaires ;
- **l'unité de l'Union chargée du signalement des contenus sur l'Internet (EU IRU) :** elle a pour mission de détecter et d'analyser les contenus malveillants sur Internet et les réseaux sociaux.

2) L'organisation internationale

Au niveau **international**, Interpol lutte contre les domaines malveillants, les rançongiciels, les logiciels malveillants visant à obtenir des données, les réseaux de machines zombies, le minage pirate, les activités illicites sur le Darknet ainsi que la cybercriminalité en tant que service.

Loin de constituer une administration internationale brumeuse, Interpol mène des actions concrètes et favorise la coordination des enquêtes et des opérations transnationales en matière de cybercriminalité dans le monde entier. Interpol a notamment mené les actions suivantes :

- en matière de minage pirate, **l'opération Goldfish Alpha** en Asie du Sud-Est où plus de 20 000 routeurs piratés ont été dénombrés. Des enquêteurs spécialisés de la cybercriminalité ainsi que des experts de la police et des cellules nationales de réponse aux attaques informatiques ont coopéré ;
- en matière de sites Web compromis, **l'opération Night Fury** a permis d'identifier un logiciel malveillant infectant des sites de commerce électronique afin de voler des informations figurant sur des cartes bancaires et des données à caractère personnel. Interpol a utilisé ces informations pour publier des signalements d'activités cybercriminelles et les communiquer aux pays concernés ;
- **l'opération Cyber Surge** : Interpol a mené plusieurs opérations dans différentes régions du monde.
- **l'opération ASEAN** : elle a permis l'identification des serveurs de commande et de contrôle à l'origine de la diffusion de différents types de logiciels malveillants (effectuant notamment des hameçonnages).

40 Les réquisitions

Les réquisitions judiciaires sont un moyen de recherche de la preuve. La réquisition peut être intrusive et justifie d'être soumise à des garanties protégeant les libertés personnelles. Elle se définit comme une requête officielle adressée à une personne physique ou morale afin de mettre à disposition des documents et/ou des informations, de préserver des informations ou d'accomplir une prestation technique.

La lutte contre la cybercriminalité nécessite de recourir à des techniques efficaces et précises. La recherche de la preuve numérique est complexe en ce qu'elle s'avère fragile (elle peut vite être effacée, que ce soit volontairement ou par erreur). Le traitement des réquisitions informatiques – au même titre que les expertises informatiques – représente pour l'autorité judiciaire un traitement lourd et coûteux.

1) La procédure d'injonction de produire et de réquisition aux fins de mise à disposition d'informations contenues dans un système informatique

La convention de 2001 sur la cybercriminalité a introduit un mécanisme procédural d'injonction de produire correspondant en droit français à la réquisition judiciaire. La réquisition oblige à communiquer les documents demandés. Constitue ainsi une réquisition judiciaire le fait de demander à un opérateur de téléphonie la liste des appels entrants et sortants sur des lignes téléphoniques ainsi que les cellules activées par ces lignes. Ces mesures ne constituent pas des privations de liberté.

Lorsqu'une enquête est internationale, les officiers de police judiciaire peuvent requérir d'opérateurs téléphoniques français la liste des appels visant une ligne étrangère dès lors que les appels sont émis depuis le territoire français, entrent sur le territoire français ou transitent sur le réseau d'un opérateur téléphonique français.

La loi n'a pas prévu de formalisme spécial pour les réquisitions visant des contenus numériques. Elles peuvent même être formulées oralement. La chambre criminelle a validé le principe de l'autorisation globale de réquisitions adressées à des opérateurs de téléphonie mobile.

Le secret professionnel n'est pas opposable au procureur. Le principe recevra exception pour les professions protégées comme les avocats, les entreprises de presse ou de communication audiovisuelle, les médecins, les notaires ou encore les huissiers de justice. L'absence de réponse à réquisition est punie d'une amende de 3 750 euros.

La loi du 18 mars 2003 a prévu la **réquisition aux fins de mise à disposition d'informations contenues dans un système informatique** ou un traitement de données nominatives, détenues par toute personne, tout établissement ou organisme privé ou public ou toute administration publique. Dans le cadre de la procédure de réquisition, seules les informations pertinentes pour l'enquête peuvent être demandées. Il n'appartient cependant pas à la personne requise de déterminer si les documents intéressent l'enquête.

2) La remise d'informations

En matière de remise d'informations contenues dans un système informatique ou dans un traitement de données nominatives, les destinataires des réquisitions sont strictement définis. Elles ne peuvent être adressées aux organismes publics ni aux personnes morales de droit privé relevant d'associations ou organismes à but non lucratif à caractère religieux, philosophique, politique ou syndical et d'organismes de la presse écrite ou audiovisuelle. Seuls peuvent faire l'objet d'une réquisition :

- les opérateurs de communications électroniques tels que définis à l'article L. 34-1 du Code des postes et communications électroniques, ainsi que les personnes morales prestataires mentionnées par la loi n° 2004-575 du 21 juin 2004 « pour la confiance dans l'économie numérique » ;
- les établissements financiers, bancaires et de crédit ;
- le groupement des cartes bancaires CB ;
- les organismes sociaux mentionnés au Code de la sécurité sociale ainsi qu'au Code rural ;
- les entreprises d'assurances ;
- les organismes publics ou privés gestionnaires de logements ;
- les services des administrations publiques gestionnaires de fichiers administratifs, notamment fiscaux et bancaires ;
- les entreprises de transport collectif de voyageurs ;
- les opérateurs de distribution de l'énergie.

Des réquisitions aux fins de **préservation** du contenu des informations consultées sur Internet peuvent également être émises. Les opérateurs de télécommunication sont tenus de conserver les données pendant un an.

Des réquisitions aux fins de **décryptage** peuvent également être présentées.

41 La vidéosurveillance

Des installations de vidéosurveillance peuvent être disposées sur la voie publique afin de prévenir les atteintes à la sécurité des personnes et des biens. Elles peuvent également servir à constater les infractions aux règles de la circulation, à protéger les bâtiments et installations publics, assurer la sécurité d'installations utiles à la défense nationale, prévenir des risques naturels ou technologiques, etc.

1) Les conditions de mise en place d'un système de vidéosurveillance

L'installation d'un système de vidéosurveillance nécessite une autorisation du préfet territorialement compétent qui rend sa décision après avis d'une commission départementale présidée par un magistrat. L'autorisation est donnée au maximum pour une durée de cinq ans et peut être renouvelée. En cas d'urgence et de risques particuliers d'actes de terrorisme, une procédure d'autorisation provisoire (quatre mois) est prévue. Afin de lutter contre les actes terroristes, le préfet peut demander à une commune d'installer un système de vidéoprotection (le conseil municipal doit en délibérer dans un délai de trois mois).

La mise en place d'un appareil de vidéosurveillance implique pour les autorités d'effectuer une analyse d'impact sur la protection des données. Cette analyse est obligatoire pour la surveillance systématique à grande échelle d'une zone accessible au public. Un recours peut être effectué devant la CNIL.

Seules les autorités publiques peuvent filmer la voie publique. Les entreprises et les établissements publics peuvent uniquement filmer leurs abords immédiats. Les caméras ne doivent pas permettre de visualiser l'intérieur des immeubles d'habitation (des procédés de masquage irréversibles doivent être mis en œuvre).

Le visionnage des images ne peut être opéré que par :

- des personnes spécifiquement et individuellement habilitées ;
- des personnes formées et sensibilisées aux règles de mise en œuvre d'un système de vidéoprotection.

La durée de conservation est limitée à ce qui s'avère :

- proportionné ;
- correspondre à l'objectif pour lequel le système de vidéoprotection est installé.

En règle générale, une durée limitée à quelques jours est considérée comme conforme à ces critères.

2) Les informations relatives à l'existence de la vidéosurveillance

Des informations doivent être communiquées aux personnes se déplaçant sur une zone vidéosurveillée :

- un pictogramme représentant une caméra indiquant que le lieu est placé sous vidéosurveillance ;
- les finalités du traitement installé ;
- la durée de conservation des images ;
- le nom ou la qualité et le numéro de téléphone du responsable/du délégué à la protection des données (DPO) ;
- l'existence de droits « Informatique et libertés » ;
- le droit d'introduire une réclamation auprès de la Commission nationale de l'informatique et des libertés (CNIL), en précisant ses coordonnées.

Les informations doivent également être portées à la connaissance du public et notamment sur un site Internet qui mentionnera :

- la base légale du traitement ;
- les destinataires des données personnelles ;
- des informations complémentaires si cela est opportun.

42 Les écoutes téléphoniques

Le secret des correspondances téléphoniques est garanti en droit français. Il constitue en effet une expression du droit à la vie privée.

Il est cependant possible de mettre en place une écoute administrative ou judiciaire (l'une des plus célèbres étant l'écoute de l'ancien président de la République Nicolas Sarkozy).

1) Les écoutes administratives

Les écoutes administratives sont possibles dans l'un des cas suivants :

- défense de l'indépendance nationale, de l'intégrité du territoire et défense nationale ;
- défense des intérêts majeurs de la politique étrangère, de l'exécution des engagements européens et internationaux de la France, prévention de toute ingérence étrangère ;
- défense des intérêts économiques, industriels et scientifiques majeurs de la France ;
- prévention du terrorisme ;
- prévention des atteintes à la forme républicaine des institutions ;
- prévention de la reconstitution ou du maintien des groupes de combat et milices privées dissous ;
- prévention des violences collectives portant gravement atteinte à la paix publique ;
- prévention de la criminalité et de la délinquance organisée ;
- prévention de la prolifération des armes de destruction massive.

Le Premier ministre est compétent pour autoriser les écoutes téléphoniques pratiquées par l'administration. Il devra recueillir l'avis préalable de la Commission nationale de contrôle des techniques de renseignement (CNCTR). L'autorisation est valable pour une durée maximale de quatre mois (qui pourra être renouvelée).

Les enregistrements ne peuvent être conservés que pour une durée de trente jours à compter de leur collecte.

2) Les écoutes judiciaires

Les écoutes peuvent également être autorisées par **l'autorité judiciaire** (notamment en matière de trafics de stupéfiants). Le juge d'instruction est compétent pour ordonner les écoutes téléphoniques. La victime peut demander à mettre sa ligne téléphonique sur écoute en cas de délit commis sur sa ligne.

La mise sur écoute est limitée aux enquêtes concernant des infractions punies d'une peine maximale de trois ans d'emprisonnement.

La décision écrite du juge a une durée de validité maximale de quatre mois renouvelables. Les écoutes s'effectuent sous le contrôle du juge d'instruction ou d'un officier de police judiciaire désigné par le juge d'instruction. Chaque enregistrement doit faire l'objet d'un procès-verbal mentionnant la date et l'heure des écoutes. Les enregistrements sont placés sous scellés fermés et transcrits par le juge d'instruction ou l'officier de police judiciaire. Les enregistrements sont détruits après leur transcription.

La décision de placer une ligne téléphonique sous écoute judiciaire n'est susceptible d'aucun recours. La mise sur écoute d'un avocat nécessite d'avertir le bâtonnier.

43 Les spécificités de l'enquête policière en cas d'infractions sexuelles sur Internet

Dans sa recommandation du 11 septembre 1995, le Conseil de l'Europe recommandait de créer des unités spéciales pour la répression des infractions provenant des nouvelles technologies de l'information.

1) Les services impliqués

En France, ces services spécialisés sont le département informatique et électronique de l'Institut de recherches criminelles (IRCGN), la Brigade d'enquête sur les fraudes aux technologies de l'information (BEFTI) et surtout l'Office central de lutte contre la criminalité liée aux technologies de l'information et de la communication (OCLCTIC).

Les services étatiques ont coordonné au niveau international leurs opérations afin d'assurer plus d'efficacité. À titre d'exemple, l'opération Pacifier qui a vu Europol et le FBI collaborer a permis d'obtenir la fermeture de la plate-forme pédopornographique Playpen en janvier 2016. La Direction nationale du renseignement et des enquêtes douanières a collaboré avec le FBI dans le cas de l'opération Hypérion destinée à sanctionner les transactions illicites sur le Darknet.

2) Les méthodes d'enquête

Les services d'enquête pourront recourir aux méthodes suivantes :

- **les perquisitions informatiques** : dans le cas d'une enquête de flagrance les officiers de police judiciaire peuvent accéder au contenu du système informatique qui se trouve sur les lieux ; en cas d'enquête préliminaire, les perquisitions de systèmes informatiques ne peuvent avoir lieu qu'avec le consentement exprès de la personne ayant un droit sur le système informatique (sauf sur décision motivée du procureur lorsque l'infraction est punie d'une peine de prison au moins égale à cinq ans) ;
- **les réquisitions aux fins de mise à disposition de données informatiques** : elles peuvent être accompagnées d'une mesure de mise au clair des données informatiques cryptées ;
- **la saisie de données** : les documents et données informatiques ayant servi à l'infraction peuvent faire l'objet d'une saisie ;
- **la captation de données informatiques,** la mise au clair de données chiffrées ;
- **l'enquête sous pseudonyme ;**
- **les infiltrations policières ;**

- **les interceptions de correspondances** ;
- **la géolocalisation** : elle doit être autorisée par un juge ; elle permet notamment de localiser les téléphones portables et par conséquent les déplacements des prévenus. Elle est autorisée uniquement si elle s'avère nécessaire dans le cadre d'une enquête portant sur une infraction punie d'une peine de prison au moins égale à trois ans ou pour une enquête de recherche des causes de mort ou de disparition ou encore de personne en fuite. Elle est prononcée pour une période maximale de quinze jours consécutifs ;
- **le recueil des données techniques de connexion** au moyen d'une antenne relais mobile factice (IMSI-Catcher).

Le décret n° 2007-1145 du 30 juillet 2007 a créé la plate-forme nationale des interceptions judiciaires. Elle vise à mettre à la disposition des magistrats les données relatives au trafic des données et le contenu des minimessages émis ou reçus par un numéro de téléphone dont la ligne est interceptée et qui leur sont transmis par les opérateurs de communications électroniques. Les données sont conservées le temps nécessaire à leur bonne réception et effacées automatiquement trente jours plus tard.

3) La participation du secteur privé

Le secteur privé participe également à la lutte contre la cybercriminalité. Certaines structures proposent des stratégies de protection numérique pendant que d'autres focalisent leurs efforts sur une meilleure maîtrise de l'Internet. Des internautes baptisés *white hats* poursuivent les utilisateurs et prestataires de services illégaux en les dénonçant.

44 Le principe de loyauté de la preuve

Le principe de loyauté de la preuve est cardinal en matière civile (sauf certaines exceptions, dont ce qui a été appelé le « droit à la preuve »). Tel n'est pas le cas en matière pénale.

1) L'absence de principe de loyauté de la preuve en droit pénal

Le droit français écarte le principe de loyauté de la preuve en matière pénale. La victime d'une infraction peut enregistrer à son insu le corbeau menaçant, la personne à l'origine d'insultes téléphoniques, etc.

Le principe de la loyauté de la preuve perdure en matière pénale en ce qu'il est opposable aux services d'enquête. Dans l'affaire Valbuena dite de la « *sextape* », l'agent de police en charge de l'enquête avait incité le prévenu à commettre l'infraction en le relançant. Les juges avaient initialement retenu que le principe était déloyal, mais la Cour de cassation a cassé l'arrêt d'appel en retenant que le procédé ne constitue pas une atteinte à la loyauté de la preuve. La Cour de cassation a considéré que les actes des enquêteurs sont étroitement liés les uns aux autres et que les périodes de silence plus ou moins longues ne peuvent être assimilées à des désistements de la part des mis en cause. La notion de loyauté reçoit donc une définition restrictive.

Les enquêteurs peuvent également se présenter sous une fausse identité en ligne. Il est à ce titre arrivé que les enquêteurs de la brigade de protection des mineurs se fassent passer pour de jeunes enfants et, après avoir envoyé à un interlocuteur des photographies pornographiques, prennent rendez-vous avec l'internaute afin de l'appréhender. La Cour de cassation a retenu que cette méthode porte atteinte au principe de la loyauté de la preuve et au droit au procès équitable. En effet, le recours à un tiers est considéré comme déloyal. Il est donc possible d'utiliser un pseudonyme en ligne, mais pas de recourir aux services d'un tiers afin de monter un stratagème dans le cadre d'une enquête policière. Les éléments de preuve obtenus par provocation ne sont pas recevables en justice.

Les services des douanes peuvent également mener leurs enquêtes sous pseudonyme afin d'acquérir des éléments de preuve sur d'éventuelles infractions (on pense notamment à la contrefaçon en ligne). Les stratagèmes menés par les douaniers ne peuvent constituer une incitation à commettre des infractions.

En somme, les agents de police ainsi que des douanes ne peuvent provoquer à commettre l'infraction. Ils ne peuvent que se contenter de provoquer – et ce de façon encadrée – aux fins d'obtenir des preuves. Notamment, l'agent pourra se faire passer pour un acheteur éventuel (de stupéfiants, de contrefaçons, de contenus pédopornographiques, etc.) afin de permettre la constatation d'infractions déjà commises et d'en arrêter la continuation.

À titre d'exemple, nous rappellerons une affaire dans laquelle la Direction centrale de la police judiciaire française avait reçu une information du service des douanes et de l'immigration des États-Unis portant sur l'identité d'un prévenu qui s'était connecté à un site de pédopornographie géré par la police de New York. Une enquête a été diligentée en France. Les connexions au site contenant des éléments pédopornographiques en ligne étaient antérieures à l'intervention des services d'enquête, de sorte qu'il ne pouvait être argué que le prévenu avait été provoqué.

2) La protection des libertés individuelles

Des procédés portant atteinte aux libertés individuelles ne peuvent être autorisés par les services de police à moins qu'un texte de loi ne l'autorise. Il en va ainsi :

- des recours aux techniques d'infiltration dans la lutte contre la criminalité et la délinquance organisée ;
- de la surveillance acoustique ;
- de la sonorisation des lieux.

Une autorisation donnée par le procureur ou le juge d'instruction devra encadrer le procédé.

Enfin, la production de fichiers temporaires ne devrait pas constituer une preuve loyale. En effet, les fichiers temporaires sont enregistrés automatiquement. Ils ne peuvent démontrer une intention quelconque de la part du prévenu.

45 Le recours à la visioconférence pour les audiences pénales

La visioconférence est de plus en plus pratiquée au cours des procédures pénales, pour des raisons avant tout pratiques et de coûts (cela évite parfois de mobiliser une escorte et un véhicule pour une journée entière). Les avocats se sont opposés au recours à cette justice qu'ils estiment déshumanisée et qui présenterait le prévenu comme un coupable déjà enfermé. Une politique managériale du service public de la justice a vite balayé ces oppositions.

1) Visioconférence et enquête

Lorsque les nécessités de **l'enquête (préliminaire ou de flagrance) ou de l'instruction** le justifient, l'audition ou l'interrogatoire d'une personne ainsi que la confrontation entre plusieurs personnes peuvent être effectués en plusieurs points du territoire de la République ou entre le territoire de la République et celui d'un État membre de l'Union européenne dans le cadre de l'exécution d'une décision d'enquête européenne et se trouvant reliés par des moyens de télécommunications garantissant la confidentialité de la transmission.

Il est possible de recourir à la visioconférence pour l'interrogatoire de première comparution.

Dans les mêmes conditions, la **présentation aux fins de prolongation de la garde à vue** ou de la retenue judiciaire peut être réalisée par le recours à la visioconférence. Il est possible d'y recourir au cours d'une audience de jugement afin d'entendre un témoin, des parties civiles ou des experts.

2) Visioconférence et jugement

Le recours à la visioconférence est également autorisé pour les **audiences de la chambre de l'instruction relatives au contentieux de la détention provisoire**. Il s'agit là sans doute de son utilisation la plus fréquente par les juridictions pénales. Le Conseil constitutionnel (20 septembre 2019, n° 2019-802) a cependant retenu que le recours à la visioconférence nécessite le consentement de la personne placée en détention provisoire. L'exception à cette règle réside dans l'existence de risques graves de trouble à l'ordre public, voire d'évasion. Sous ces réserves, la détention provisoire d'un prévenu peut être prolongée après une audience tenue en visioconférence. Le prévenu ne peut refuser le recours à la visioconférence qu'au moment où il est informé de la date de l'audience (tout refus ultérieur ne serait pas opposable).

Une audience relative à une **demande de mise en liberté** peut également se tenir en visioconférence. L'audience en visioconférence est valide même si le prévenu l'a refusée.

Le prévenu doit avoir la possibilité de s'entretenir confidentiellement avec son **avocat** même si l'entretien s'effectue par visioconférence.

Un **interprète** peut éventuellement intervenir si nécessaire. C'est seulement lorsque l'impossibilité pour l'interprète de se déplacer est constatée au procès-verbal qu'il peut être recouru à la visioconférence (voire à un appel téléphonique).

En outre, pendant la période de confinement, le gouvernement a autorisé par **ordonnance en date du 25 mars 2020** la possibilité pour les tribunaux de tenir leurs audiences par visioconférence. En matière pénale, le consentement du prévenu n'est pas nécessaire. Le juge a l'obligation de veiller à ce que la procédure respecte les droits de la défense et doit garantir le contradictoire. De même, pendant la période de confinement, des entretiens entre l'avocat et le prévenu se sont tenus par téléphone dans le cadre des gardes à vue.

La **décision de jugement** peut être lue par visioconférence. L'accord du prévenu n'est pas requis pour la lecture de la décision.

Le juge de l'application des peines du tribunal judiciaire de Paris ainsi que la chambre de l'application des peines de la cour d'appel de Paris statuant en matière **terroriste** peuvent recourir à une visioconférence. Le recours à la visioconférence constitue désormais le principe en matière terroriste.

Il est nécessaire qu'un texte de loi autorise expressément le recours à la visioconférence. Ainsi, en dehors des situations énumérées ci-dessus, le recours à la visioconférence en matière pénale reste interdit.

46 La prescription des infractions pénales en ligne

La prescription permet à l'infraction de disparaître par le passage du temps dans un souci de pacification des relations sociales.

1) Règles générales de la prescription

Le **point de départ** du délai de prescription de l'infraction est fixé au lendemain du jour où l'infraction est commise.

Il en ira différemment pour une infraction commise de façon répétée (comme la consultation habituelle de sites terroristes ou le cyberharcèlement) pour laquelle le départ du délai de prescription est le lendemain du jour où l'infraction a été commise.

En cas d'infraction continue – c'est-à-dire d'infraction qui dure dans le temps –, le point de départ est le lendemain du jour où l'infraction s'arrête (comme l'intrusion dans un serveur informatique où le délinquant déposerait un virus qui resterait dans le serveur).

Enfin, pour les infractions occultes ou dissimulées (c'est-à-dire qui ne peuvent pas être découvertes lors de la commission des faits), le point de départ du délai de prescription est le jour où l'infraction apparaît et peut être constatée (cela pourra notamment être le cas pour une escroquerie en ligne).

Le point de départ du délai de prescription ne sera pas retardé parce que la personne est vulnérable, sauf certaines exceptions.

2) Délais de prescription des crimes

Les délais de prescription sont les suivants :

- meurtre : vingt ans ;
- viol et agressions sexuelles : trente ans si la victime du viol est mineure, vingt ans pour les délits d'agression sexuelle sur mineur de moins de 15 ans et dix ans si le mineur a entre 15 et 18 ans ; dix ans pour un viol sur majeur ;
- pédopornographie en ligne : le délai de vingt ans commence à courir à compter de la majorité du mineur.

3) Délais de prescription des délits

Les délais de prescription sont les suivants :

- *happy slapping* : six ans ;
- vente d'êtres humains : six ans ;
- trafic de stupéfiants : dix ans ;

- injures en ligne : trois mois ;
- propos racistes, sexistes, homophobes : un an ;
- diffamation : trois mois ;
- cyberharcèlement : six ans à compter du dernier acte de cyberharcèlement ;
- diffusion d'informations permettant la fabrication d'engins de destruction : six ans ;
- atteinte aux correspondances émises, transmises ou reçues par la voie électronique : six ans ;
- intrusion dans un serveur informatique : six ans ;
- consultation habituelle de sites terroristes : six ans.

4) Les suspensions du délai de prescription et les nouveaux délais de prescription

Le délai de prescription peut être modifié. Il peut être interrompu (notamment si un procès-verbal d'enquête est rédigé, acte du procureur, acte d'enquête de la police ou de la gendarmerie, acte du juge d'instruction, décision de justice, etc.) et faire courir un nouveau délai. Il peut être suspendu (notamment en cas de mesure alternative aux poursuites) et le délai recommence à courir à la fin de l'événement.

En outre, le délai peut recommencer à courir si un hyperlien est créé et pointe vers le contenu illicite.

PARTIE VI

Le droit d'auteur : le numérique comme révélateur des aspérités du régime

Le droit d'auteur est le droit, pour l'auteur d'une œuvre originale, d'interdire la reproduction ou la représentation d'une œuvre pendant sa vie et soixante-dix ans après sa mort. Le droit d'auteur confère des droits moraux à l'auteur et à ses héritiers (droit de divulgation, droit de paternité, droit à l'intégrité de l'œuvre, droit de retrait). Des exceptions – en nombre croissant – viennent établir un équilibre entre les intérêts des auteurs et ceux du public.

47 L'application du droit d'auteur au numérique

Le droit d'auteur a été pensé à une époque où personne n'imaginait l'avènement du numérique ni de l'Internet. Il existe donc traditionnellement une confusion entre l'œuvre immatérielle et son support matériel. Les juges puis le législateur ont par conséquent dû se demander si le droit d'auteur a vocation à s'appliquer lorsque les reproductions et représentations d'œuvres sont immatérielles.

1) La reconnaissance jurisprudentielle de l'application du droit d'auteur au numérique et à l'Internet

Dès 1996 a été rendue la première décision française statuant sur l'applicabilité du droit d'auteur à l'Internet. La décision a été rendue en référé – qui est le juge de l'évidence – par le tribunal de grande instance de Paris le 14 août 1996. Il a donc paru évident au juge français que le droit d'auteur s'applique à Internet bien que la reproduction de l'œuvre ne soit pas matérielle. Les juges français et américains n'ont ainsi eu aucune difficulté à reconnaître que le droit d'auteur s'applique au numérique et à l'Internet.

La réponse n'allait cependant pas de soi. En effet, une fois numérisée, l'œuvre n'est composée que d'une série binaire de 1 et de 0. Elle n'est donc pas lisible pour la majorité des utilisateurs de terminaux numériques. La distinction entre le code source – lisible par des êtres humains – et le code objet – composé de 1 et de 0 – est donc indifférente pour les juges qui considèrent que l'œuvre est reproduite dès lors qu'elle est retranscrite. La différence de format de l'œuvre est par conséquent sans importance.

En outre, dans son arrêt en date du 17 juin 2021 (Aff. C-597/19), la Cour de justice de l'Union européenne a retenu que la téléversement de fichiers contenant une œuvre protégée entre de très nombreux utilisateurs différents est comparable au fonctionnement global de l'Internet et que le téléversement constitue une représentation de l'œuvre, qu'il était indifférent que l'internaute ne parvienne pas à télécharger l'œuvre dans son intégralité pour réaliser un acte de représentation (la Cour parle de communication au public) dès lors qu'il « contribue à la naissance d'une situation dans laquelle, au final, tous les utilisateurs participant à la masse ont accès au fichier intégral ». De plus, la Cour retient que le simple téléchargement depuis un logiciel pair à pair constitue une contrefaçon.

2) La reconnaissance légale de l'application du droit d'auteur au numérique et à l'Internet

Le législateur se montre généralement en retard sur les évolutions technologiques – notamment à cause de la lenteur des procédés d'élaboration de la loi – mais il a fini par se saisir de la question de l'application du *copyright* et du droit d'auteur à l'Internet. Le Congrès américain a été le premier à se saisir de la question avec le *Digital Millenium*

Copyright Act (DMCA) dans le cadre d'une réforme visant à adapter la législation américaine aux nouveaux défis de l'Internet. Le législateur américain avait adopté une approche libertaire, dont le législateur européen s'est inspiré dans la directive e-commerce. En France, les lois Hadopi I et II ainsi que la loi DADVSI sont venues renforcer l'arsenal juridique français en matière de lutte contre la contrefaçon sur Internet.

La loi DADVSI comporte plusieurs dispositions spécifiques au droit d'auteur appliqué au numérique et introduit notamment le dépôt légal des œuvres numériques. L'obligation porte néanmoins sur les supports et, par conséquent, une même œuvre peut faire l'objet de plusieurs dépôts si elle est publiée sur différents médias. Les documents sont déposés quels que soient leur support matériel et leur procédé technique de production, d'édition ou de diffusion dès lors qu'ils sont mis en nombre à la disposition d'un public, à titre gratuit ou onéreux. Le dépôt est partagé par l'INA pour les documents radiodiffusés ou télédiffusés, le CNC pour les documents cinématographiques sur support photochimique ayant reçu un visa d'exploitation en salle, et la Bibliothèque nationale de France pour les autres supports. La loi DADVSI reconnaît également la possibilité d'introduire des mesures techniques efficaces afin de protéger numériquement les œuvres contre le piratage. L'utilisation de logiciels principalement utilisés pour la mise à disposition illicite d'œuvres protégées par le droit d'auteur est prohibée.

Les lois Hadopi I et II viennent expressément interdire le téléchargement d'œuvres sur Internet. Une procédure en trois étapes est introduite : (1) avertissement par la Hadopi envoyé par courriel ; (2) envoi d'un courrier par la Hadopi en cas de deuxième téléchargement illicite ; (3) des poursuites en justice sont envisageables en cas de troisième téléchargement. Est concerné le propriétaire de la connexion Internet, même si une autre personne a téléchargé. Cependant, depuis la décision n° 2020-841 du 20 mai 2020 rendue par le Conseil constitutionnel, la Hadopi ne pourra plus, à partir du 31 décembre 2020, obtenir tous documents, quel qu'en soit le support, y compris les données conservées et traitées par les opérateurs de communications électroniques. La Hadopi voit par conséquent ses moyens d'action fortement diminués.

Remarque

Le *streaming* consiste à visualiser une œuvre sur un support numérique en flux continu. Concrètement, l'œuvre n'est pas téléchargée sur le support numérique dans son intégralité avant d'être visualisée. Cependant, l'œuvre est copiée sur la mémoire cache du terminal numérique. Or, l'article L. 122-5 du Code de la propriété intellectuelle dispose que l'exception de copie technique implique que l'œuvre source soit licite. Cela signifie que lorsque l'œuvre est mise licitement à disposition il est possible d'en prendre connaissance en *streaming*, mais qu'en revanche, si l'œuvre n'est pas mise à disposition licitement, sa visualisation en *streaming* constitue une contrefaçon.

48 La protection d'un site Internet par le droit d'auteur

Un site Internet est composé de plusieurs éléments pouvant être protégés dès lors qu'ils sont originaux.

Le Code de la propriété intellectuelle ne définit pas la notion d'originalité – critère de protection d'une œuvre – mais la jurisprudence retient qu'est originale l'œuvre véhiculant l'empreinte de la personnalité de son auteur. Le seuil de l'originalité est très bas et permet de protéger des œuvres dès lors qu'au moins une partie n'est pas le fruit d'une nécessité technique.

1) L'adresse URL

L'adresse URL est l'adresse du site Internet.

Une partie importante d'une adresse URL est composée d'éléments techniques non protégés :

- l'*Hyper Text Transfer Protocol Secure* (https);
- le www ;
- tout élément technique ou non original.

Pourra en revanche être protégée par le droit d'auteur la partie de l'adresse URL qui comporterait une création originale. Par exemple, un titre qui serait original ne pourrait être reproduit ni représenté sans autorisation écrite de son auteur ou de l'ayant droit après le décès de celui-ci.

Cette solution n'empêche pas l'internaute de reproduire l'adresse URL lorsqu'il surfe en ligne. L'internaute bénéficie en effet de l'exception de reproduction technique ainsi que de l'exception de reproduction privée.

2) L'organisation du site Internet

Le site Internet peut présenter une organisation originale. Il en ira ainsi notamment lorsque l'agencement des différents contenus présente une construction originale :

- création d'une arborescence originale ;
- succession de renvois originaux *via* des hyperliens ;
- organisation originale des pages ;
- constitution d'une œuvre multimédia par recours à des images, des films et de la musique sur le site Internet.

Dès lors que l'organisation du site Internet est originale, il est interdit de la reproduire ou de la représenter sans autorisation du ou des titulaires des droits, sauf lorsqu'une exception (article L. 122-5 du Code de la propriété intellectuelle) est applicable.

3) Les contenus du site Internet

Les sites Internet contiennent *a priori* des éléments originaux et, partant, protégés par le droit d'auteur.

Il en ira ainsi notamment :

- des images originales ;
- des musiques originales ;
- des textes originaux ;
- des vidéos originales ;
- des polices de caractère originales, etc.

Le créateur du site Internet devra être attentif aux contenus qu'il télécharge sur son site. S'il s'agit d'œuvres qu'il a créées, il pourra les placer sur son site Internet. En revanche, s'il s'agit d'œuvres créées par des tiers, il devra demander une autorisation *écrite* des titulaires de droit.

En effet, depuis la loi relative à la liberté de création du 7 juillet 2016, toute cession de droit d'auteur doit *obligatoirement* être écrite. Les cessions implicites ne sont donc pas valides et toute reproduction ou représentation d'une œuvre exécutée sans autorisation écrite constituerait un acte de contrefaçon.

Conseils pratiques

Les licences *creative commons* permettent aux internautes de reproduire des œuvres protégées par le droit d'auteur sur leur site Internet.

Néanmoins, il existe plusieurs degrés de licence – dont il convient de contrôler le contenu avant toute reproduction de l'œuvre – et n'autorisent pas d'utilisation à titre lucratif. Dans ce dernier cas, le recours à la licence ou à la cession de droit est obligatoire.

49 Le droit de reproduction par l'ancre de l'hyperlien

Les ancres des hyperliens constituent la partie la plus visible du World Wide Web (www) et participent de l'accessibilité des contenus en ligne. Elles sont la partie visible des liens, celle sur laquelle les internautes cliquent pour se rendre sur une page (que ce soit sur la liste des résultats d'un moteur de recherche ou sur une page Internet). L'ancre peut être composée par un texte, une image, voire une vidéo.

Or, l'utilisation de contenus aux fins de création d'une ancre n'est pas toujours libre. En effet, le droit d'auteur vient encadrer l'utilisation des œuvres originales. Des limites au monopole de l'auteur viendront néanmoins ouvrir des possibilités de création d'ancres d'hyperliens pour les internautes.

1) Définitions

Définition de l'hyperlien : le *Journal officiel* du 16 mars 1999 a défini l'hypertexte comme « un système de renvois permettant de passer directement d'une partie d'un document à une autre, ou d'un document à d'autres documents choisis comme pertinents par l'auteur ».

Définition de l'ancre : l'ancre est la partie visible de l'hyperlien depuis une page Internet sous forme de texte, d'image ou autre média, ou encore depuis le monde analogique sous forme de QR code.

2) Le principe de l'application du droit de reproduction aux ancres

Une fois numérisée, l'œuvre n'est composée que d'une série de 1 et de 0. Elle n'est donc pas lisible pour la majorité des utilisateurs de terminaux numériques. La distinction entre le code source – lisible par des êtres humains – et le code objet – composé de 1 et de 0 – est alors indifférente pour les juges qui considèrent que l'œuvre est reproduite dès lors qu'elle est retranscrite. L'ancre d'un hyperlien peut par conséquent être protégée indépendamment de ses caractéristiques techniques.

L'ancre peut être individuellement protégée par le droit d'auteur dès lors qu'elle est originale. L'originalité est le fruit de l'empreinte de la personnalité de son auteur : concrètement, une photographie originale est protégée par le droit d'auteur et, par conséquent, l'ancre qui utilise cette image est également protégée par le droit d'auteur.

Un ensemble d'ancres ou d'adresses URL peuvent être protégées par le droit d'auteur. En effet, un ensemble original (exemple : la liste des meilleurs restaurants d'une ville, une sélection des meilleures photographies de l'année 2020, etc.) est protégé par le droit d'auteur. Concrètement, si une base de données de liens est originale, alors l'ensemble des ancres qui la composent sera protégé par le droit d'auteur.

Dès lors que l'ancre prise individuellement, ou l'ensemble des ancres, constitue une œuvre originale, celle-ci sera protégée par le droit d'auteur. Cela signifie que les internautes ne pourront reproduire l'œuvre originale sans autorisation écrite de l'auteur, à moins qu'une limite au monopole de l'auteur n'ait vocation à s'appliquer.

3) Les limites au droit de reproduction applicables aux ancres

Néanmoins, deux types de limites – externes et internes – viennent limiter l'opposition du droit de reproduction aux tiers.

Les limites externes – c'est-à-dire ce qui par « nature » se trouve exclu du champ du droit d'auteur – sont constituées par les frontières du droit d'auteur c'est-à-dire par les éléments insusceptibles de protection. À ce titre, les **éléments purement techniques des liens** ne seront pas protégés étant donné qu'ils ne peuvent être originaux. En conséquence, les auteurs ne pourront opposer leurs monopoles lorsque l'ancre est constituée d'une interface élaborée par un ordinateur – tel qu'un QR code – qui ne sera pas qualifiée d'original étant donné que ses caractéristiques sont purement techniques, et ne bénéficiera donc pas de la protection du droit d'auteur.

En ce qui concerne les **exceptions**, les internautes pourront se référer aux dispositions de l'article L. 122-5 du Code de la propriété intellectuelle. Ils pourront avoir recours :

- à l'exception d'analyses et de courtes citations justifiées par le caractère critique, polémique, pédagogique, scientifique ou d'information de l'œuvre à laquelle elles sont incorporées ;
- à l'exception de revues de presse ;
- à l'exception de parodie.

Conseils pratiques

Les coûts ainsi que le temps de négociation aux fins d'obtenir une cession du droit d'auteur pour constituer une ancre risquent souvent d'être sans commune mesure avec l'avantage escompté. Il semble par conséquent plus pratique de se placer dans le cadre de l'une des exceptions au droit d'auteur ou de créer une ancre originale afin de ne pas reproduire l'œuvre d'autrui.

50 Le droit de représentation par l'ancre de l'hyperlien

Le principe de la liberté de lier se fonde sur l'absence d'obligation de requérir une autorisation préalable à la création d'un lien, ainsi que sur la liberté des modalités de création des liens, car ils ne violent pas le droit de représentation.

1) L'absence d'autorisation préalable à la création du lien

La loi pour la confiance dans l'économie numérique a établi à l'article 1er le principe de la liberté de communication par voie électronique. La loi a donc ouvert la porte à l'affirmation de la liberté de lier.

À ce titre, la jurisprudence a retenu cette solution dans un jugement rendu par le tribunal de grande instance de Nanterre le 25 mars 2010 en affirmant que « l'existence d'un lien, à titre informatif, [n'est pas] soumis à une autorisation préalable » lorsque le lien n'implique pas le droit d'auteur. La liberté de créer des liens à visée informative se trouve par conséquent constitutionnellement protégée – en ce qu'elle se trouve rattachée à la liberté d'expression – par l'article 11 de la Déclaration des droits de l'homme et du citoyen de 1789.

La Cour de justice de l'Union européenne – dont les décisions sont obligatoires en droit français – a cependant dégagé un autre fondement afin de justifier l'absence d'autorisation préalable à la création d'un lien dans l'arrêt Svensson (CJUE, 13 février 2014, C-466/12, Svensson c. Retriever Sverige AB). Le raisonnement se divise en deux temps :

1. Dans le premier, **les juges reconnaissent que les liens communiquent les œuvres aux internautes** en se fondant sur les arrêts Football Association Premier League (CJUE, 4 octobre 2011, Football Association Premier League e.a., C-403/08 et C-429/08) retenant que l'acte de communication doit être entendu de façon large afin de garantir un niveau élevé de protection des titulaires de droit d'auteur. Cette solution a été confirmée par l'arrêt Stichting Brein c. Jack Frederik Wullems (CJUE, 26 avril 2017, C-527/15, Stichting Brein c. Jack Frederik Wullems) qui a retenu que la technique n'avait pas d'importance et que seul comptait l'acte de communication d'une œuvre protégée au public.
2. Dans le second, les juges ont tordu le concept de « public » en violation de la convention de Berne sur le droit d'auteur. Les juges ont affirmé qu'il n'y a pas d'acte de représentation dès lors que l'œuvre n'est pas communiquée à **un public nouveau**. Le public n'est défini que de façon négative. Il est constitué d'une pluralité de personnes, par opposition aux cercles des intimes ou le cercle de la famille, et distinct de la notion de clientèle. Le public nouveau est constitué par celui qui n'avait pas accès à l'œuvre avant la création de l'hyperlien. Concrètement, un lien menant depuis une page en libre accès à une autre page en libre accès ne présente pas l'œuvre à un public nouveau. Il n'y a donc pas de violation du droit de représentation dans cette hypo-

thèse. En revanche, un lien depuis une page en accès libre vers une page en accès limité présenterait l'œuvre à un public nouveau – en violation du droit de représentation.

En conséquence, dès lors que le droit d'auteur ne s'applique pas à un lien menant vers une œuvre accessible au public, il n'est pas nécessaire de solliciter une autorisation. Le droit européen débouche sur la même solution pratique que le droit français en adoptant un raisonnement très différent.

2) La liberté des modalités de création d'un lien

Il existe différents types d'hyperliens : liens simples menant vers la page d'accueil, lien profond menant vers une page interne du site, lien cadre présentant tout ou partie d'une page, lien inline menant l'internaute directement sur la page pointée.

La jurisprudence française a retenu dans un premier temps que seuls les liens simples (ou de surface) étaient licites. En effet, il était considéré que les autres types de liens permettaient à leurs créateurs de s'approprier une partie de la valeur de l'œuvre liée. La Cour de justice de l'Union européenne a retenu, dans l'arrêt Svensson (CJUE, 13 février 2014, aff. C-466/12) que la nature des liens est indifférente, créant ainsi un principe de neutralité de la nature des liens. La CJUE autorise par conséquent la création de tout type de lien.

Conseils pratiques

Les internautes bénéficient d'une grande liberté dans la création de liens. Il est cependant nécessaire de ne pas laisser penser les internautes qui utiliseraient les liens cadres –permettant de visualiser une partie de la page Internet pointée – que l'œuvre ainsi liée se trouve sur le site Internet source. Si tel était le cas, les juges seraient enclins à qualifier l'acte de violation du droit de représentation, ce qui entraînerait une condamnation pour contrefaçon à défaut d'obtention d'une autorisation préalable.

Il convient par conséquent d'ajouter une mention près du lien permettant à l'internaute de comprendre qu'il visualise un lien cadre (ex. : adresse URL du site lié).

51 Le droit de reproduction par l'hyperlien

Deux questions principales se posaient sur l'application du droit de reproduction à l'hyperlien : la possibilité de créer une œuvre nouvelle ainsi que le risque de reproduction par intégration de l'œuvre pointée.

1) L'absence de création d'une œuvre par un hyperlien

Les liens contiennent les informations nécessaires permettant d'effectuer le chemin entre le site source et le site cible en empruntant des liaisons entre serveurs. Les informations peuvent par conséquent être assimilées à un plan. Or, la convention de Berne protège les cartes originales et, par conséquent, les plans.

Il n'y a cependant pas lieu de considérer que les juges reconnaîtront la protection des chemins de liens en procédant à une analogie avec les **cartes**. En effet, la Cour de cassation, le 30 juin 1998 (Cass. civ. 1re, 30 juin 1998, n° de pourvoi : 96-15151), a retenu que l'établissement d'un parcours traduisant l'empreinte personnelle de l'auteur jouit de la protection du droit d'auteur. Or les chemins établis par les liens se contentent d'atteindre une cible sans que le créateur puisse définir un parcours reflétant l'empreinte de sa personnalité. Le parcours emprunté par le lien est strictement technique et en aucun cas original. Partant, le critère de l'empreinte de la personnalité de l'auteur fait obstacle à la reconnaissance d'un droit d'auteur sur ces chemins.

Les technologies numériques, et donc l'Internet, ont permis le développement d'œuvres composites dans une proportion jusqu'alors inconnue. Les hyperliens participent de ce mouvement de brouillage de la frontière entre l'auteur et le public en introduisant une hypertextualité permettant à l'internaute de donner un sens à l'œuvre et d'y apporter sa contribution. Les juges ne retiendront cependant pas la création d'une œuvre composite – c'est-à-dire d'une œuvre composée d'au moins deux œuvres – à cause de l'absence de reproduction de l'œuvre liée. Le créateur de lien n'aura donc pas de droit d'auteur sur la création du lien. Cette solution préserve la liberté de lier les autres internautes. Le droit français ouvre néanmoins la porte à la possibilité d'une requalification en œuvre composite dans le cadre d'une fonction active du lien – c'est-à-dire qui fera plus que référencer l'œuvre – avec l'accord de son auteur. Cette possibilité se rencontrera *a priori* rarement en pratique.

2) La reproduction par l'intégration du contenu

Les juges français ont fait preuve d'adaptabilité en retenant que la reproduction ne pouvait plus être considérée comme purement matérielle sur un support numérique, mais qu'elle était constituée dès lors qu'intellectuellement le résultat est similaire à une copie matérielle.

Il en résulte qu'il est possible de retenir qu'une œuvre est reproduite sur le site Internet d'origine dès lors que le lien présente un résultat similaire à une reproduction sur le site d'origine où se trouve l'ancre du lien.

CONSEILS PRATIQUES

La création de liens simples et profonds ne posera pas de difficulté particulière car ils n'ont pas, en pratique, pour effet de laisser penser aux internautes que le contenu pointé est intégré au site d'origine. Les créateurs de liens devront être en revanche particulièrement prudents lors de la création de liens cadres qui pourraient, selon la présentation, laisser penser aux internautes que le contenu pointé est intégré au contenu source.

52 Le droit de représentation par l'hyperlien

Les liens sont créés de deux façons : manuellement par une personne humaine ou automatiquement par un algorithme (exemple : Google).

1) La représentation d'un lien manuel

La création d'un lien vers un contenu licite n'est pas interdite en droit français ni en droit européen. Cette solution est conforme au principe de la liberté d'expression.

La jurisprudence française a cependant établi un principe général d'interdiction de la création d'un lien vers un contenu illicite. Le créateur du lien serait ainsi contaminé par l'illicéité du contenu lié et engagerait sa responsabilité au même titre que l'éditeur responsable de sa mise en ligne. Ce principe s'étendait dans un premier temps au droit d'auteur.

Cependant, la CJUE a établi une démarche binaire en matière de droit d'auteur :

- **lien créé à titre lucratif** : le créateur de lien n'est pas présumé savoir que le contenu lié est illicite ;
- **lien créé à titre non lucratif** : le créateur de lien est présumé avoir connaissance de l'illicéité du contenu lié.

En tout état de cause, **si le contenu pointé était modifié suite à la création de l'hyperlien, le créateur de l'hyperlien n'engage pas sa responsabilité pour le maintien du lien vers le nouveau contenu.** L'obligation de surveillance de l'Internet a en effet été rejetée. Il pourrait cependant engager sa responsabilité si, suite à la réception d'une notification, il maintenait le lien vers le contenu illicite.

En outre, l'article 11 du traité de l'Organisation mondiale de la propriété intellectuelle (OMPI) **interdit le contournement des mesures techniques efficaces**. Le droit français – soumis à cette obligation – interdit par conséquent la création d'hyperliens permettant de contourner les mesures de blocage d'un site Internet et ainsi d'y pénétrer sans autorisation (on pense à ce titre à des sites payants).

2) La représentation par un lien automatique

La création d'un lien automatique vers un contenu licite n'est pas sanctionnée. Le législateur européen n'ayant pas pris position sur le régime applicable aux créateurs automatiques de liens (comme Google), la CJUE (CJCE, 23 mars 2010, C-236/08 et C-238/08, Google c. Louis Vuitton) a étendu le régime applicable aux hébergeurs aux créateurs automatiques de liens.

Un créateur automatique de lien pourra donc créer des liens vers des contenus licites ou illicites, à l'exception des cas suivants :

– lorsqu'il est évident que le contenu est illicite – ce critère n'a jamais été retenu par les juges français ;
– lorsque le créateur de lien automatique ne retire pas promptement le lien à réception d'une notification.

Le régime de responsabilité applicable aux créateurs automatiques de liens est donc largement favorable au développement de leurs activités et à leur liberté d'entreprendre. Malgré des projets visant à engager plus facilement leur responsabilité, le régime de responsabilité des créateurs automatique de liens apparaît stable et favorable à la libre circulation des informations en ligne.

Conseils pratiques

Il est évidemment plus sécurisant de s'interroger, avant la création d'un lien manuel, sur le caractère licite ou illicite d'un contenu vers lequel on souhaite pointer afin d'éviter des difficultés ultérieures.

Le régime applicable aux liens manuels créés à but non lucratif n'est qu'une sécurité pour les internautes et en aucun cas une autorisation à créer un lien vers une contrefaçon.

Le régime applicable aux créateurs automatiques de liens n'est pas limité aux grandes firmes internationales, il s'applique à tout internaute laissant à un algorithme le soin de créer des hyperliens. Ce régime s'avérera plus protecteur que celui applicable aux liens manuels.

53 Le droit d'auteur appliqué aux jeux vidéo

Le jeu vidéo est une œuvre multimédia dans la mesure où elle entremêle images, sons et vidéos. Elle n'est donc pas uniquement un logiciel – ce qui aurait eu des incidences sur sa protection, notamment en matière de droits moraux. Elle constitue également une base de données. Le cumul de régimes implique une diversité de protection.

1) La protection par le droit d'auteur général

Le droit d'auteur vient protéger les créations originales. Dans le cadre de la création d'un jeu vidéo, différents éléments peuvent être originaux et par conséquent protégés :

- le nom et le logo du jeu vidéo (qui peuvent également être protégés en tant que marque, ce qui implique un cumul de protections) ;
- le scénario (au même titre et selon les mêmes règles que le scénario d'un film) ;
- les personnages et les décors (autant dans leurs descriptions écrites que leurs représentations graphiques) ;
- la musique.

La pluralité des œuvres d'un jeu vidéo implique une pluralité de régimes juridiques applicables. En effet, une œuvre audiovisuelle ne peut être qualifiée d'œuvre collective. Il en résulte qu'il sera nécessaire d'obtenir une cession ou une licence de droit d'auteur pour les œuvres audiovisuelles (c'est-à-dire des séquences cinématographiques du jeu vidéo ainsi que les séquences animées d'images). En revanche, pour les autres œuvres, il sera possible de retenir qu'il s'agit d'œuvres collectives dès lors qu'elles sont commandées par une personne physique ou morale (exemple : Ubisoft) et qu'elles sont créées par plusieurs personnes. Dans ce dernier cas, la titularité des droits est attribuée à la personne à l'origine de la commande, ce qui lui évite d'obtenir une cession de droit d'auteur (cela n'empêchera pas l'employeur d'attribuer une rémunération spécifique pour ses salariés ayant contribué à la création de l'œuvre).

Enfin, pour les œuvres qui n'auraient pas été créées en interne par le producteur, il sera nécessaire d'obtenir une cession ou une licence de droit d'auteur (exemple : une bande-son qui aurait été créée par un tiers devra faire l'objet d'un contrat de cession ou de licence pour être reproduite dans le jeu vidéo).

2) La protection par le droit d'auteur spécial des logiciels

Le jeu vidéo fonctionne grâce à un logiciel. Cela avait amené la doctrine à appliquer la théorie de l'accessoire, ce qui impliquait que l'intégralité des composantes du jeu vidéo devait se voir appliquer le régime juridique du principal, à savoir du logiciel. Cette solution a été rapidement écartée. On applique désormais un cumul de protections pour les jeux vidéo, ce qui nécessite en pratique la rédaction d'une succession de contrats de cessions de droits et de licences.

Le logiciel est protégé par le droit d'auteur s'il résulte d'un effort personnalisé portant la marque de **l'apport intellectuel de son auteur**. En conséquence, un logiciel qui ne résulterait pas d'un choix libre et créatif ne serait pas protégé par le droit d'auteur.

Le régime applicable au logiciel est cependant largement dérogatoire au droit commun du droit d'auteur. À ce titre, les droits d'auteur sont automatiquement dévolus à l'employeur des salariés ayant contribué à la création du logiciel du jeu vidéo. Ce régime ne s'applique pas aux stagiaires, prestataires externes et dirigeants non salariés qui jouissent d'un droit d'auteur sur le logiciel qu'ils créent.

Enfin, les créateurs de logiciels ne bénéficient pas de la règle générale du droit d'auteur qui intéresse les auteurs au succès de leur création par le recours à une rémunération proportionnelle. Les créateurs de logiciels peuvent ainsi être rémunérés au forfait.

3) La protection par les régimes applicables aux bases de données

Le jeu vidéo peut être protégé en tant que base de données de deux façons différentes :

- **s'il s'agit d'une architecture originale,** elle sera protégée par le droit commun du droit d'auteur (toute reproduction ou représentation sera interdite en dehors des exceptions du Code de la propriété intellectuelle comme la copie privée) ;
- **Si la base de données résulte d'un investissement humain, matériel ou financier substantiel** (la notion de « substantiel » n'est pas définie par le Code de la propriété intellectuelle afin de permettre au texte de s'adapter au plus grand nombre de situations nouvelles), elle bénéficiera de la **protection *sui generis* des producteurs de bases de données** (cela donne le droit aux producteurs de la base de données de s'opposer à toute extraction substantielle du contenu de la base – en conséquence, même si le producteur de la base de données n'est pas titulaire des droits d'auteur sur le contenu de la base de données, il pourra s'opposer à toute extraction substantielle des éléments qu'elle contient, que l'extraction soit effectuée en une seule fois ou en plusieurs fois).

Conseils pratiques

Il est conseillé au producteur du jeu vidéo de procéder à un enregistrement du jeu. Cet enregistrement n'est pas une condition de la protection, mais, compte tenu des enjeux économiques, il permettra d'apporter la preuve de la création de l'œuvre en cas de contrefaçon. Le dépôt peut être effectué à l'Agence pour la protection des programmes (APP).

Eu égard à la complexité du régime juridique applicable aux jeux vidéo, il est conseillé de se prémunir en contractualisant les rapports entre les intervenants.

Il apparaît nécessaire d'employer des mesures techniques efficaces qui permettront aux producteurs de la base de données de neutraliser l'effet de certaines exceptions comme la copie privée.

54 Les droits moraux et interfaces numériques

Le droit français connaît quatre droits moraux :

– le droit de divulgation ;

– le droit de paternité ;

– le droit à l'intégrité ;

– le droit de retrait.

1) Le droit de divulgation

Le droit de divulgation consiste à réserver à l'auteur le choix des modalités de la communication de son œuvre au public. L'auteur de son vivant a le droit discrétionnaire de décider des modalités de la divulgation de son œuvre.

L'auteur bénéficie du choix des modalités de divulgation de son œuvre. Cela implique qu'un auteur pourrait limiter la divulgation de son œuvre au support papier à l'exception du support numérique et vice-versa. Cependant, en pratique, les contrats de cession, de licence et d'édition prévoient une clause de cession de droits tout support (numérique, papier, film, vidéo, etc.) existant ou développé à l'avenir. Le droit de divulgation n'a donc que rarement l'occasion d'être opposé à des tiers.

2) Le droit de paternité

Le droit de paternité consiste à placer le nom ou le pseudonyme de l'auteur à proximité de son œuvre, ou à respecter son anonymat.

Ce droit est *a priori* plus facile à respecter dans l'univers numérique qui offre une souplesse inconnue dans le monde analogique. Cependant, la jurisprudence semble étendre au numérique l'approche qu'elle a adoptée pour le monde analogique et impose par conséquent que le nom de l'auteur figure à proximité de l'œuvre c'est-à-dire soit dans le logiciel, soit dans le site Internet. En pratique, cela signifie qu'un lien pointant vers le nom ou le pseudonyme de l'auteur respecte le droit de paternité dès lors que la page liée est interne au site, alors qu'il ne permettrait pas de respecter le droit de paternité si la page liée était externe au site Internet...

La solution la plus sécurisante consiste par conséquent à mentionner le nom ou le pseudonyme de l'auteur à proximité de son œuvre.

3) Le droit à l'intégrité

Il s'agit du droit de l'auteur de ne pas voir son œuvre modifiée ou présentée dans un contexte philosophique différent de celui pensé par l'auteur.

Le droit à l'intégrité de l'œuvre doit cependant composer avec l'exception de parodie – très présente en ligne. À ce titre, un auteur ne pourra pas opposer son droit à l'intégrité face à un internaute qui créerait une parodie de son œuvre. Cependant, il n'est pas possible de présenter une partie d'une œuvre graphique sans violer le droit à l'intégrité, car la jurisprudence retient que le fait d'en retirer une partie ne peut avoir pour effet que de violer le droit à l'intégrité d'une œuvre. Les utilisateurs seront par conséquent attentifs à utiliser l'intégralité de l'œuvre graphique.

Le contexte de présentation d'une œuvre graphique pourra également violer le droit à l'intégrité de l'œuvre. À ce titre, la présentation au milieu d'œuvres soutenant des approches différentes devra être évitée (à moins qu'il ne s'agisse d'une revue de presse). Par exemple, le lien depuis une œuvre vers une autre page soutenant des thèses inverses engagera la responsabilité du créateur du lien.

4) Le droit de retrait

Le droit de retrait consiste, pour l'auteur, à **retirer son œuvre des circuits de distribution sur lesquels il l'avait placée**. L'auteur n'a pas à justifier son choix, mais doit indemniser ses cocontractants. En pratique, les coûts des indemnisations avaient généralement raison du désir des auteurs de retirer leurs œuvres du marché.

La question a rarement été posée aux juges dans le domaine numérique. Une des raisons réside dans le fait qu'une œuvre, une fois téléchargée sur Internet, ne peut plus en pratique être retirée (ce qui enlève en grande partie l'intérêt de recourir à ce droit). Cependant, un auteur peut demander à ses cocontractants le retrait de son œuvre. Le coût des préjudices indemnisables devrait par ailleurs être inférieur dans le monde analogique par rapport au monde numérique (grâce aux économies de papier, de support, de certains frais de distribution, etc.).

Le numérique devrait par conséquent renforcer l'effectivité juridique du droit au retrait, mais l'Internet vide en pratique l'intérêt d'y recourir, car rien n'y est oublié.

Conseils pratiques

La reproduction ou la représentation d'œuvres sur support numérique implique le respect des droits moraux, qui se trouve en partie simplifié par la souplesse des supports.

Les internautes devront être notamment attentifs, lors de la création d'hyperliens, à respecter le droit de paternité et à ne pas présenter les œuvres dans un contexte différent de celui imaginé par leur auteur.

55 La contrefaçon du droit d'auteur

La contrefaçon du droit d'auteur est sanctionnée civilement et pénalement devant les juridictions civiles et pénales.

1) Les critères de la contrefaçon

La contrefaçon est constituée dès lors qu'une reproduction ou une représentation est effectuée sans autorisation du titulaire des droits ou en dehors du champ d'application d'une exception.

Constitue également une contrefaçon la violation des droits moraux des auteurs (droit de divulgation, droit de paternité, droit à l'intégrité, droit de retrait).

Le droit d'auteur est par conséquent érigé au rang de valeur d'ordre public en France.

2) Les sanctions civiles et pénales

Au civil, les contrefacteurs peuvent être condamnés au paiement des sommes en lien :

- avec le préjudice effectivement subi ;
- avec les gains perçus par le contrefacteur ;
- avec le préjudice moral.

Le juge peut également fixer une somme forfaitaire supérieure au montant qui aurait été versé si un contrat de cession de droit ou de licence avait été conclu.

Le tribunal peut prononcer la destruction des objets ayant contribué à la contrefaçon ainsi qu'une publication de la décision (aux frais de la personne condamnée). La publication peut avoir lieu en ligne ou dans le monde analogique.

La violation des droits patrimoniaux constitue un délit passible d'une peine de trois ans d'emprisonnement et de 300 000 euros d'amende. Pour les personnes morales (association, société) il n'y aura évidemment pas de peine de prison, mais la peine d'amende est portée au quintuple, à 1 500 000 euros.

Le contournement d'une mesure technique efficace est puni d'une peine de 3 750 euros d'amende pour une personne physique et de 18 750 euros d'amende pour une personne morale.

Les peines civiles et pénales se cumulent : les dommages et intérêts sont ainsi versés au titulaire des droits alors que les amendes sont versées au Trésor public.

3) Les juridictions compétentes

Le titulaire des droits peut saisir une juridiction civile ou pénale pour la contrefaçon subie. Le Centre national du cinéma et de l'image animée (CNC) peut également porter plainte et se constituer partie civile lorsqu'une contrefaçon est subie dans le secteur cinématographique.

La tendance est à la dépénalisation des contentieux en matière de droit d'auteur (c'est-à-dire que les titulaires du droit saisissent de moins en moins les juridictions pénales). En effet, les juridictions civiles peuvent proposer des délais de jugement plus courts (notamment dans le cadre de la procédure d'urgence dite de référé) par rapport à la procédure pénale. Cependant, seuls quelques tribunaux sont compétents en France : Bordeaux ; Fort-de-France ; Lille ; Lyon ; Marseille ; Nanterre ; Nancy ; Paris ; Rennes.

En revanche, tous les tribunaux correctionnels de France sont compétents. Partant, le choix de la saisine d'un tribunal pénal peut relever d'une stratégie établie par l'auteur.

CONSEILS PRATIQUES

La saisine d'un tribunal constitue régulièrement une embûche de taille pour les auteurs victimes de contrefaçon. Une solution peut résider dans la possibilité, lorsqu'un contrat a été conclu, de ne soulever que la violation des règles contractuelles (ce qui permet de saisir tout tribunal judiciaire) et d'écarter le débat sur les règles de droit d'auteur. Une autre stratégie (moins onéreuse, mais plus longue) consiste à effectuer un dépôt de plainte et ainsi à saisir le tribunal correctionnel.

Il est souvent plus rapide et moins onéreux de rédiger un protocole transactionnel entre les parties.

PARTIE VII

Les satellites du droit d'auteur : des créations de régimes nouveaux afin de répondre aux contingences économiques

56 La protection du logiciel par le droit d'auteur

Avec l'arrêt INFOPAQ (CJCE, aff. C-5/08, 16 juillet 2009, INFOPAQ) le critère de protection du droit d'auteur est harmonisé au niveau européen. Une œuvre est protégée dès lors qu'elle est originale.

Cependant, en matière de logiciels, le critère n'est pas celui classique de l'originalité, mais celui de l'existence d'un apport intellectuel propre et d'un effort personnalisé.

Le législateur n'a pas adopté la méthode objective appliquée en matière de bases de données qui bénéficient d'un droit spécial dès lors qu'elles sont le résultat d'un investissement humain, matériel ou financier substantiel. L'originalité d'un logiciel suppose en revanche d'apporter la preuve de l'existence de choix créatifs, et ne peut se déduire de choix de fonctionnalités ou outils connus, ni de l'existence d'un travail informatique ou d'investissements.

Il conviendra par conséquent au créateur d'un logiciel d'apporter la preuve de l'originalité de son logiciel. Pour ce faire, il devra distinguer entre deux situations.

1) Le choix du code est original

Cela sera *a priori* souvent le cas étant donné que la majorité des fonctionnalités des logiciels peuvent être écrites de façons différentes et dans des langages différents.

Le créateur du logiciel devra apporter la preuve de son apport intellectuel constitué par un effort personnalisé allant au-delà de la simple mise en œuvre d'une logique automatique et contraignante. La directive 91/250/CE a confirmé cette approche en retenant que le logiciel est protégé lorsqu'il constitue la création intellectuelle propre à son auteur.

En pratique, le logiciel sera souvent considéré comme original – et partant sera protégé – dès lors qu'il ne constitue pas la copie d'un autre logiciel. Il s'agit de ce que certains juges ont établi en s'inspirant des critères de protection des brevets (qui supposent une absence d'antériorité et une nouveauté par rapport à l'état de la technique).

Le code ainsi que la structure peuvent être protégés à condition qu'ils soient personnalisés. Dès lors que le programmeur se voit soumis à un choix personnel dans les combinaisons de mnémoniques ou d'instructions, il en résulte un apport intellectuel important non commandé par les seules contraintes techniques et portant nécessairement la marque de la personnalité de son auteur.

2) Le choix du code est imposé

Il en ira ainsi lorsque, pour atteindre le résultat voulu, le créateur du logiciel n'avait pas d'autre choix que d'écrire le code comme il l'a fait (il en ira ainsi notamment pour les données scientifiques nécessaires). À ce titre, les fonctionnalités du logiciel ne bénéficient pas de la protection du droit d'auteur. En effet, cela reviendrait à monopoliser des idées (CJUE, 2 mai 2012, SAS).

La Cour de cassation (Cass. civ. 1re, 22 septembre 2011, n° 09-71.337) a retenu que des logiciels élaborés dans un langage informatique distinct de celui d'un logiciel précédent ne constitue pas une œuvre dérivée, mais une œuvre première. L'originalité est caractérisée par le seul constat de l'élaboration dans un langage distinct selon des méthodes distinctes.

57 Les droits patrimoniaux de l'auteur du logiciel

1) L'étendue des droits patrimoniaux

Les droits patrimoniaux sont au nombre de deux :

- **droit de reproduction à titre permanent ou provisoire** : il s'agit d'un monopole de copie défini comme la fixation matérielle de l'œuvre par tous procédés qui permettent de la communiquer au public d'une manière indirecte ;
- **droit de représentation** : il s'agit du droit de réaliser, d'autoriser ou d'interdire la communication de l'œuvre au public par un procédé quelconque. La Cour de justice de l'Union européenne a retenu dans l'arrêt UsedSoft du 3 juillet 2012 (Aff. C-128/11) que la première vente d'un logiciel donne lieu à l'épuisement du droit de distribution de la copie. Concrètement, l'auteur ne peut s'opposer à la revente de la copie ni à sa circulation au sein de l'Union européenne. Le droit de représentation se fond avec le droit de distribution en matière de logiciel.

Ces deux droits traditionnels en matière littéraire et artistique ont été élaborés à la fin du XVIIIe siècle avec le théâtre en ligne de mire, sous l'influence notamment de Beaumarchais. Cependant, la distinction entre droit de reproduction et droit de représentation perd de sa pertinence en matière de logiciels étant donné que la représentation nécessite la reproduction du logiciel.

À ces deux droits, une partie de la doctrine ajoute ceux de traduction, d'adaptation, d'arrangement et de modification. Il apparaît que ces droits constituent des excroissances des droits de reproduction et de représentation.

2) Les limites aux droits patrimoniaux

L'article L. 122-6 du Code de la propriété intellectuelle prévoit des limites au droit de mise sur le marché à titre onéreux ou gratuit. En effet, la première vente d'un exemplaire d'un logiciel dans le territoire d'un État membre de la Communauté européenne ou d'un État partie à l'accord sur l'Espace économique européen, par l'auteur ou avec son consentement, épuise le droit de mise sur le marché de cet exemplaire dans tous les États membres à l'exception du droit d'autoriser la location ultérieure d'un exemplaire. Concrètement, dès lors qu'un logiciel est vendu sur le territoire de l'Union européenne, l'auteur ne peut plus limiter sa commercialisation dans toute l'Union européenne. La seule exception est constituée par le droit d'autoriser la location ultérieure d'un exemplaire qui ne s'épuise pas avec la mise sur le marché. Le créateur du logiciel maintient le droit, après la mise sur le marché, d'interdire la location ultérieure.

Les droits patrimoniaux ont une durée de soixante-dix ans après la mort de l'auteur. Le délai de soixante-dix ans commence à courir à compter du 1er janvier suivant le décès de l'auteur.

Le législateur a prévu plusieurs exceptions aux droits d'auteur sur les logiciels :

- la copie de sauvegarde en l'absence de l'autorisation de l'auteur ;
- la représentation privée ;
- la parodie, la caricature ou le pastiche – même si en pratique cette exception ne devrait s'appliquer que très rarement ;
- l'exception d'usage pédagogique ;
- la correction d'erreurs du logiciel par l'utilisateur ;
- la personne ayant le droit d'utiliser le logiciel peut, sans autorisation de l'auteur, observer, étudier ou tester le fonctionnement ou la sécurité du logiciel afin de déterminer les idées et principes qui sont à la base de n'importe quel élément du logiciel lorsqu'elle effectue toute opération de chargement, d'affichage, d'exécution, de transmission ou de stockage du logiciel qu'elle est en droit d'effectuer ;
- l'exception d'interopérabilité lorsque l'utilisateur a le droit d'utiliser le logiciel, que les informations sont nécessaires à l'interopérabilité et qu'elles n'ont pas déjà été rendes facilement et rapidement accessibles et que les actes de copie sont limités aux parties du logiciel d'origine nécessaires à l'interopérabilité.

Les exceptions ne permettent pas de porter atteinte à l'exploitation normale du logiciel ou de causer un préjudice injustifié aux intérêts légitimes de l'auteur.

Les droits patrimoniaux peuvent, à l'inverse des droits moraux, faire l'objet d'une cession.

58 Les droits moraux de l'auteur du logiciel

Le droit français connaît quatre droits moraux :

– le droit de divulgation ;

– le droit de paternité ;

– le droit à l'intégrité ;

– le droit de retrait.

Les droits moraux sont incessibles et inaliénables, ce qui signifie que l'auteur ne peut céder ses droits moraux par contrat. Les droits moraux sont illimités et se transmettent aux héritiers du créateur.

1) Le droit de divulgation

Il ne fait l'objet d'aucune disposition spéciale pour les logiciels. Le créateur d'un logiciel pourra donc s'opposer à la mise sur le marché de celui-ci. En pratique, le logiciel est souvent créé dans le cadre du salariat. Si le salarié conserve le droit de divulgation et peut en théorie s'opposer à la divulgation du logiciel, gageons que cela sera rarement le cas. Les prérogatives des créateurs salariés sont d'autant plus réduites que l'article L. 113-9 du Code de la propriété intellectuelle dispose que les droits patrimoniaux sur les logiciels créés par un ou plusieurs employés dans l'exercice de leurs fonctions ou d'après les instructions de leur employeur sont dévolus à l'employeur qui est seul habilité à les exercer.

2) Le droit de paternité

Concernant les créateurs de logiciels, il reste *a priori* inchangé. Certains juges ont cependant retenu que le droit de paternité se limite au nom et n'inclut pas le pseudonyme (CA Douai, 1er juillet 1996). Le nom peut figurer dans l'emballage du logiciel, sur une ou plusieurs pages-écrans, sur la documentation technique ou commerciale. Le Code de la propriété intellectuelle a cependant adapté les droits moraux à la logique d'entreprise qui sous-tend la création de logiciels. L'industrie du logiciel a fait œuvre de lobbying auprès du législateur afin d'adapter les prérogatives de l'auteur et les rendre plus accueillantes aux attentes d'une industrie florissante. Ainsi, l'article L. 121-7 du Code de la propriété intellectuelle dispose que : « Sauf stipulation contraire plus favorable à l'auteur d'un logiciel, celui-ci ne peut :

1. s'opposer à la modification du logiciel par le cessionnaire des droits mentionnés au 2° de l'article L. 122-6, lorsqu'elle n'est préjudiciable ni à son honneur ni à sa réputation ;

2. exercer son droit de repentir ou de retrait ».

3) Le droit de repentir ou de retrait

Il ne peut donc être opposé par les auteurs de logiciels. Par conséquent, ils ne pourront pas demander le retrait du logiciel du marché.

4) Le droit au respect

Il diverge profondément de celui traditionnel que l'on attribue aux auteurs. Le législateur a conféré aux créateurs de logiciels le minimum autorisé par la Convention de Berne en interdisant les atteintes à l'honneur et à la réputation… L'auteur d'un logiciel ne peut s'opposer utilement à une adaptation ou à une modification du logiciel s'il n'apporte pas la preuve de l'atteinte à son honneur ou à sa réputation. Cette solution est très loin du droit au respect classique qui interdit la modification des œuvres (sauf autorisation ou exception, notamment de parodie) ainsi que la présentation de l'œuvre dans un contexte différent de celui imaginé par son auteur. En effet, les hypothèses où l'honneur ou la réputation du créateur du logiciel seront atteints devraient demeurer rares.

À ce titre, l'auteur d'un logiciel ne peut s'opposer à ce que les tiers puissent adapter ou modifier le logiciel sans autorisation si ladite modification n'est pas préjudiciable à son honneur ou à sa réputation (CA Versailles, 29 octobre 2009 n° 08/07843).

59 Le *streaming*

Le *streaming* est le fait de consulter un contenu en ligne pour en prendre connaissance – souvent une vidéo ou une musique – sans le télécharger définitivement.

Cela a révolutionné les modalités de consommations culturelles qui se sont lentement détournées de la possession de l'œuvre pour se concentrer sur la simple consommation de l'œuvre. L'époque n'est donc plus aux vidéothèques interminables, mais à l'abonnement à une plateforme de *streaming* (Netflix, Amazon Prime Video, HBO, Disney+, etc.).

Or, en consultant un contenu en ligne, le terminal utilisé effectue une copie sur la mémoire RAM. Si le contenu est original, il sera protégé par le droit d'auteur ou par le droit voisin (à moins que l'auteur soit décédé depuis plus de soixante-dix ans ou que l'artiste-interprète ait enregistré l'œuvre il y a plus de soixante-dix ans). Dans ce cas, des droits d'auteur ou des droits voisins viendront s'appliquer et protéger les ayants droit.

1) L'exception de la copie technique

La directive 2001/29/CE est venue protéger les internautes et toute l'économie de l'Internet. En effet, le mécanisme de la mémoire RAM n'était pas strictement nécessaire au développement de l'Internet, mais s'est avéré particulièrement pratique. Le législateur européen a donc imposé une exception de reproduction technique à tous les États membres. L'exception aura vocation à s'appliquer :

- dès lors que la reproduction est transitoire ou accessoire ;
- dès lors qu'elle constitue une partie intégrante et essentielle d'un procédé technique ;
- si l'unique finalité est de permettre (i) une transmission dans un réseau entre tiers par un intermédiaire, ou (ii) une utilisation licite d'une œuvre ou d'un objet protégés et qui n'ont pas de signification économique indépendante.

2) La condition de licéité de la copie technique

La visualisation d'un film sur une plate-forme telle que Netflix ne présente *a priori* pas de difficulté en ce qu'elle remplit toutes les conditions sus-énumérées. Il en va autrement lorsque l'œuvre consultée provient d'un site pirate. Dans cette hypothèse, l'internaute ne remplit pas la condition d'utilisation licite d'une œuvre ou d'un objet et, partant, ne bénéficie pas de l'exception au droit d'auteur.

Or, l'internaute qui consulte une œuvre en *streaming* engage sa responsabilité, même s'il ne savait pas que le site Internet proposait à la visualisation une contrefaçon. En effet, la responsabilité civile – notamment en matière de droit d'auteur et de droits voisins – est indifférente à l'intentionnalité de l'acte. Concrètement, l'internaute pourra être tenu de verser à l'ayant droit des dommages et intérêts au même titre que le contrefacteur intentionnel. Les internautes ont donc intérêt à faire preuve de la plus grande prudence.

Étant donné que le streaming d'une œuvre sans autorisation constitue une contrefaçon, il en résulte que tout hyperlien vers le site de streaming sera également réprimé comme une contrefaçon.

Lorsque l'internaute a conscience de consulter une contrefaçon en *streaming*, il sera possible d'engager sa responsabilité pénale pour recel. Le recel est le fait de dissimuler, de détenir ou de transmettre une chose, ou de faire office d'intermédiaire afin de la transmettre, en sachant que cette chose provient d'un crime ou d'un délit. Constitue également un recel le fait, en connaissance de cause, de bénéficier du produit d'un crime ou d'un délit. Or, la contrefaçon étant un délit, l'internaute qui regarde en *streaming* une œuvre protégée et en bénéficie engage par conséquent sa responsabilité pour recel. Le recel est puni d'une peine d'emprisonnement de cinq ans et de 375 000 euros d'amende.

L'internaute pourra également être condamné au paiement de dommages et intérêts à l'ayant droit calculé sur la base :

– du préjudice résultant de la violation des droits moraux ;

– des gains effectués par le contrefacteur ;

– de la perte subie par l'ayant droit.

60 La double protection des bases de données (droit d'auteur, droit *sui generis*)

Les bases de données sont omniprésentes et constituent une source de richesse pour les économies numérisées. L'Union européenne a par conséquent souhaité encourager la production de bases de données en introduisant une réglementation spéciale protégeant les producteurs. Force est de constater que cette réglementation n'a eu qu'un effet limité puisque l'augmentation de la création de bases de données a été très faible. Les producteurs de bases de données peuvent protéger leurs créations par (1) le droit d'auteur classique ainsi que par (2) le droit spécial (*sui generis*) des bases de données.

1) La protection des bases de données par le droit d'auteur classique

Le droit d'auteur protège l'ayant droit d'une base de données originale. Ne sera donc pas protégé par le droit d'auteur un annuaire classant les habitants d'une ville dans l'ordre alphabétique. Pourra en revanche être protégée par le droit d'auteur la création d'une base de données des meilleurs restaurants de Paris étant donné que les choix effectués relèvent de l'empreinte de la personnalité de l'auteur.

La création de la base de données peut être le fruit de deux grands processus :

- **création solo** : l'auteur sera titulaire des droits sur la forme originale de la base de données ;
- **création par un groupe** : il s'agira *a priori* d'une œuvre collective et, partant, l'intégralité des droits reviendra à la personne qui aura commandé la création de la base de données.

En tout état de cause, le droit d'auteur ne confère des droits que sur la forme originale de la base de données et en aucun cas sur les données contenues dans la base ni sur les œuvres originales qui pourraient y figurer. Concrètement, le producteur d'une base de données sur les meilleurs restaurants de Paris ne devient propriétaire que de la forme de la base, mais non pas des noms des restaurants (qui peuvent être protégés par le droit d'auteur ou par le droit des marques), ni sur les photos, etc. Le producteur de la base de données devra être attentif à ne pas copier dans la base une œuvre protégée sans autorisation.

2) La protection des bases de données par le droit *sui generis* des bases de données

La protection *sui generis* des bases de données est accordée au producteur d'une base de données lorsque des efforts humains, matériels ou financiers substantiels ont été apportés pour la création d'une base de données. Le terme « substantiel » est un anglicisme provenant de la directive européenne et signifie « important ». Le critère reste, à dessein, flou afin de permettre aux juridictions de bénéficier de la plus grande adaptabilité face à des situations toujours évolutives.

Le producteur d'une base de données devra avoir pris l'initiative de la création de la base de données. Ainsi, lorsqu'une base de données est créée par une communauté sans direction (par exemple le réseau Internet) aucun droit *sui generis* des bases de données ne naîtra.

Le droit *sui generis* des bases de données ne donne pas de droit de propriété sur le contenu de la base de données à son producteur. Celui-ci devra par conséquent être attentif aux droits d'auteur ainsi qu'aux droits voisins d'autrui. Néanmoins, le droit *sui generis* lui permet d'interdire toute extraction substantielle. L'extraction substantielle peut être effectuée en une seule fois (par exemple une extraction de 10 % de la base de données) ou en plusieurs fois (par exemple dix fois 1 % de la base de données).

La violation du droit *sui generis* des bases de données est punie de trois ans d'emprisonnement et de 300 000 euros d'amende. Le contrefacteur pourra également être condamné au paiement de dommages et intérêts pour le préjudice subi par le producteur de la base de données.

61 Les mesures techniques efficaces

Les mesures techniques efficaces visent à protéger techniquement une œuvre en interdisant sa copie ou sa représentation. Constitue une mesure technique efficace la technique empêchant de copier un CD, de lire une œuvre que l'on n'aurait pas achetée, etc.

Les mesures techniques de protection sont le résultat du constat que le droit n'assure pas, à lui seul, une protection efficace des auteurs. A donc émergé l'idée – matérialisée à l'article 11 du traité de l'Organisation mondiale de la propriété intellectuelle (OMPI) sur le droit d'auteur de 1996 – qu'un triple niveau de protection devait être assuré. Tout d'abord, le droit doit poser une interdiction. Dans un second temps, une mesure technique vient empêcher l'utilisation contraire à la volonté de l'auteur. Enfin, le droit interdit le contournement des mesures techniques. En limitant l'accès aux œuvres, les mesures techniques efficaces limitent l'accès à la culture en violation de l'article 27 de la Déclaration universelle des droits de l'homme – ratifié par la France et les États-Unis, mais n'ayant aucune force obligatoire – ainsi que l'accès à l'Internet dans le but de protéger le premier volet du droit à la culture que constitue le droit d'auteur.

1) L'interdiction de contournement des mesures techniques efficaces

L'article 11 du traité de l'OMPI sur le droit d'auteur interdit le contournement des mesures techniques efficaces. Les traités Internet de l'OMPI ont donc conféré un droit de mise à disposition qui, s'il ne constitue pas un droit d'accès absolu, autorise une restriction de l'accès sur Internet. Ce droit de mise à disposition n'émerge que si la mesure technique est véritablement efficace, c'est-à-dire qu'elle n'est pas facile à contourner (l'efficacité n'a pas à être absolue), et empêche ainsi la commission d'actes de contrefaçon. La mesure technique doit concourir à l'effectivité du monopole. La preuve de son inefficacité devra être apportée étant donné que la mesure technique est présumée efficace.

La violation de la réglementation relative aux mesures techniques efficaces pourra être constituée, en droit français, par :

- l'édition, la mise à disposition du public ou la communication au public, sciemment et sous quelque forme que ce soit, d'un logiciel destiné à la mise à disposition du public non autorisée d'œuvres ou d'objets protégés, ainsi que le fait d'inciter sciemment (y compris à travers une annonce publicitaire à l'usage d'un logiciel) à la contrefaçon ;
- le contournement des mesures ;
- la suppression du dispositif de protection.

Le contournement ou la suppression peuvent être matériels ou numériques. À ce titre, la Cour de justice de l'Union européenne a retenu que les hyperliens peuvent contourner les mesures techniques efficaces et, en conséquence, engager la responsabilité du créateur de lien pour contournement d'une mesure technique efficace.

2) Les exceptions aux mesures techniques efficaces

Le législateur a prévu plusieurs moyens de défense pour les personnes poursuivies :

le système de protection, qui n'est pas efficace, ce qui implique de renverser la présomption d'efficacité ;

- l'exception de copie privée ;
- les analyses, courtes citations, les revues de presse, l'exception d'information, les catalogues de vente judicaire, l'exception pédagogique ;
- l'exception en faveur des bibliothèques, archives, centres de documentation et les espaces culturels multimédias ;
- la copie et la représentation d'une œuvre à des fins de conservation ou destinée à préserver les conditions de la consultation à des fins de recherche ou d'études privées par des particuliers, dans les locaux d'établissement et sur des terminaux dédiés par des bibliothèques accessibles au public, par des musées ou par des services d'archives, sous réserve que ceux-ci ne recherchent aucun avantage économique ou commercial.

Le contournement des mesures techniques efficaces est puni d'une amende de 3 750 euros. Sera en revanche puni d'une peine d'emprisonnement de six mois et d'une amende de 3 000 euros d'amende le fait de procurer ou de proposer sciemment à autrui, directement ou indirectement, des moyens conçus ou spécialement adaptés pour porter atteinte à une mesure technique efficace. En outre, l'auteur de l'infraction pourra être condamné au paiement de dommages et intérêts.

62 La rémunération des auteurs par les plates-formes

L'Internet a permis la création de fortunes colossales assez largement concentrées dans les mains des GAFAM (Google, Apple, Facebook, Amazon et Microsoft). Or, ces entreprises ne font – pour schématiser – que fournir une architecture et ne proposent que très peu de contenus. Les auteurs, qui créent le contenu et participent donc grandement à la valeur des réseaux mis en place, ne bénéficient pas – ou très peu – de cette création de richesse. Les auteurs se trouvent démunis face à l'utilisation de leurs œuvres. Le législateur français s'est finalement décidé à offrir un mécanisme de rémunération pour certains auteurs dont les œuvres sont référencées. Le Parlement a ainsi renforcé la force de négociation des auteurs – qui seront représentés – alors que le droit américain les laisse avec les seules armes du droit commun des contrats.

1) La création d'un droit nouveau

Ainsi, la loi du 7 juillet 2016 relative à la liberté de la création, à l'architecture et au patrimoine, crée un nouveau chapitre au Code de la propriété intellectuelle sur les « dispositions applicables à la recherche et au référencement des œuvres d'art plastiques, graphiques ou photographiques ». Il aura donc un champ d'application limité à certaines œuvres – en violation de la théorie de l'unité de l'art – mais constitue un véritable progrès pour les auteurs concernés en ce qu'il oblige les « services automatisés de référencement d'images » – c'est-à-dire tout service de communication au public en ligne dans le cadre duquel sont reproduites et mises à la disposition du public, à des fins d'indexation et de référencement des œuvres d'art plastiques, graphiques ou photographiques collectées de manière automatisée à partir de services de communication au public en ligne – à rémunérer les auteurs. Les créateurs automatiques de liens tels que Google qui proposent des murs d'images seront donc tenus de rémunérer les auteurs lorsqu'ils référencent leurs œuvres.

Le législateur a ainsi introduit un mécanisme de mise en gestion des droits de reproduction et de représentation par une société agréée par le ministre chargé de la Culture. Les sociétés de gestion seront les seules habilitées à conclure des conventions avec les exploitants de services automatisés – c'est-à-dire les créateurs automatiques de liens. La rémunération sera calculée sur les « recettes de l'exploitation ou, à défaut, évaluée forfaitairement ».

2) La circonscription de ce droit nouveau

Les parties sont incitées à trouver seules des accords car, à défaut, l'État s'en chargera par l'intermédiaire d'un représentant qui organiserait une commission au sein de laquelle siégeraient en nombre égal des représentants des sociétés agréées et des exploitants des services automatisés de référencement d'images. Cette méthode fait penser à celle adoptée par le gouvernement pour obtenir un accord entre les entreprises de presse et la société Google (les entreprises de presse ont bénéficié d'un fonds d'aide à la numérisation abreuvé par la société Google). L'autogestion reste donc sous contrôle de l'État en France. Cette approche peut surprendre étant donné qu'elle limite *de facto* la liberté de contracter puisque les parties ont obligation de conclure une convention.

Les conventions conclues entre les sociétés de gestion et les exploitants de services automatisés ne pourront durer plus de cinq ans.

Les rémunérations dues sont calculées selon les principes généraux du droit d'auteur, à savoir celui de la rémunération proportionnelle assortie d'exceptions (article L. 131-4 du Code de la propriété intellectuelle).

63 Le parasitisme et le dénigrement

L'Internet a vu l'augmentation des actes de parasitisme (1) et de dénigrement (2).

1) Le parasitisme

Le parasitisme se caractérise par l'ensemble des comportements par lesquels un agent économique s'immisce dans le sillage d'un autre afin de tirer profit, sans rien dépenser, de ses efforts et de son savoir-faire.

Il existe deux formes de parasitisme :

- **la concurrence parasitaire :** elle nécessite une situation de relations concurrentielles ;
- **les agissements parasitaires :** ils sont constitués dans l'hypothèse où il n'existe pas de rapport concurrentiel.

Plusieurs hypothèses peuvent constituer une situation de parasitisme :

- **l'usurpation de la notoriété d'autrui :** le parasitisme sera constitué par la reproduction ou l'imitation d'une marque notoire ou d'un autre signe distinctif ;
- **l'utilisation anormale du travail d'autrui :** il s'agit du fait d'exploiter le travail, les idées, les investissements, la publicité et globalement toute valeur économique d'autrui. En pratique, il s'agit souvent de la reprise de méthodes (exemple : une méthode de vente de bananes a été considérée comme ne relevant pas du parasitisme dès lors que la vente dans un bac est basique), de slogans (le slogan « Allez les bleus » ne présente aucun droit et la Fédération française de football ne peut donc agir en parasitisme), concepts publicitaires ou commerciaux, par l'utilisation d'informations ou d'avancées techniques développées par le demandeur. Le parasitisme peut aussi résulter des fonctionnalités d'un logiciel, des conditions générales de vente, de l'architecture et du contenu d'un site Internet, d'un lien hypertexte récupérant les données d'un site concurrent, du détournement d'une adresse électronique, etc.

Les liens commerciaux sur Internet présentent des spécificités. Ainsi, le fait par des liens commerciaux, des techniques de référencement ou encore l'utilisation de mots clés de détourner l'Internet et de s'approprier la renommée d'un tiers (notamment d'une entreprise) constitue un acte de parasitisme si l'usage est susceptible de porter atteinte à l'une des fonctions de la marque notoire (les fonctions d'origine, de publicité et d'investissement).

Le préjudice est souvent moral, mais peut également être économique. La victime d'un acte parasitaire devra apporter la preuve de l'existence de la faute, d'un préjudice et d'un lien de causalité entre la faute et le préjudice.

2) Le dénigrement

Pour être qualifiés de dénigrants, les propos doivent viser une entreprise identifiée, notamment par son nom, ou facilement identifiable par référence à sa marque ou à ses produits. Le message doit divulguer une information de nature à jeter le discrédit sur un concurrent, qu'elle soit vraie ou fausse. L'information peut :

- **être d'ordre privé :** il en irait ainsi en cas de divulgation de la religion d'un concurrent ou de celle de ses clients ;
- **être patrimoniale** : en divulguant notamment l'ouverture prochaine d'une procédure collective ou en mettant en doute sa solvabilité ;
- **relever de l'organisation juridique ou des méthodes commerciales :** relève du dénigrement le commentaire affirmant qu'un concurrent utilise des méthodes non locales ou peu scrupuleuses – mais on peut critiquer le mode de commercialisation de son concurrent (exemple : parler de vente en gros) dès lors que la critique est mesurée ;
- **porter sur les produits et services :** affirmer que les produits d'un concurrent sont obsolètes ou déficients. Ainsi, dans l'affaire dite SARL Loiseau des Ducs, un avis négatif avait été posté en ligne avant même l'ouverture du restaurant visé. La cour d'appel a retenu que : « si le commentaire critique de services ou de prestations publiés sur un site Internet n'est pas en soi constitutif d'une faute [...] il devient fautif lorsque son auteur n'a pas bénéficié des services ou des prestations critiquées et qu'il procède d'une intention de nuire ». Les juges ont ainsi indemnisé le préjudice d'image (en l'espèce à hauteur de 4 000 euros).

PARTIE VIII

Le droit des marques : de nouvelles sources de confusion

64 Introduction au droit des marques

Le droit des marques vise deux objectifs :

– assurer la qualité d'un produit au consommateur ;

– protéger les entreprises contre des concurrents peu délicats.

La marque se définit comme un signe susceptible de représentation graphique servant à distinguer les produits ou services d'une personne physique ou morale. Peuvent notamment constituer un tel signe toutes les formes telles que les mots, assemblages de mots, noms patronymiques et géographiques, pseudonymes, lettres, chiffres, sigles, signes sonores, signes figuratifs, etc.

1) Les critères de protection de la marque

Tout signe susceptible de représentation graphique servant à désigner les produits ou services d'une personne physique ou morale peut être déposé comme marque. Trois conditions doivent être réunies :

- **Le signe doit être distinctif** : le signe doit permettre de distinguer un produit ou un service de la concurrence et ne doit pas être descriptif (la marque « Piano » ne peut être enregistrée pour l'activité de vente de pianos – il s'agirait d'une désignation générique, ce qui est prohibé, tout comme les désignations nécessaires ou usuelles [« bagnole » pour des automobiles]), ce qui interdit l'enregistrement des signes sous des dénominations génériques ou descriptives. Il peut arriver qu'un terme insuffisamment distinctif à l'origine acquière, par l'effet de la durée, la valeur d'une marque et soit protégé comme tel. C'est à la date de l'enregistrement (c'est-à-dire à la date d'acquisition du droit) qu'il faut se placer.

EXEMPLES DE MARQUES REFUSÉES

- « Affaires » pour un journal économique, car le nom a été jugé descriptif.
- « Grand Chef » pour désigner des vestes destinées aux seuls grands chefs cuisiniers, car le nom a été jugé descriptif.
- « Hollywood Story » pour des livres et des revues relatifs au cinéma, jugé descriptif.

Cependant, une marque composée de deux éléments qui, pris séparément, peuvent apparaître descriptifs, pourrait être enregistrée.

- **Le signe doit être licite :**
  - il ne doit pas être **contraire à l'ordre public et aux bonnes mœurs** (ce qui inclut les signes incitant à la haine, à la violence raciale, à l'intolérance religieuse, à la consommation de stupéfiants) ; cependant, le principe de spécialité peut venir sauver les marques comme « Opium » pour un parfum (au motif que le nom était sans rapport avec un parfum) ;

– il ne doit pas être **trompeur** (notamment il ne doit pas tromper le public sur la qualité ou la provenance géographique du produit ou du service) : cela n'interdit pas l'usage d'un signe trompeur dans le commerce, mais empêche seulement qu'un tel signe soit déposé comme marque, le caractère trompeur étant défini à la lumière du standard du consommateur moyen (qui varie en fonction des produits ou services achetés) ;
– il ne peut représenter des armoiries, un drapeau ou un emblème déposé à l'Organisation mondiale de la propriété intellectuelle (exemple : le drapeau tricolore pour la France alors que le coq n'est pas mentionné sur la liste déposée à l'Organisation mondiale de la propriété intellectuelle).

- **Le signe doit être disponible** : le signe ne doit pas porter atteinte à un droit antérieur constitué au profit d'un tiers, c'est-à-dire qu'il ne peut être enregistré s'il est identique ou similaire pour la même classe (c'est-à-dire le même type de produit ou de service).

2) La procédure d'enregistrement de la marque

La marque peut être déposée :

– à **l'Institut national de la propriété intellectuelle :** l'enregistrement visera la France ;
– à **l'Office de l'Union européenne pour la propriété intellectuelle** pour enregistrer une marque européenne.

En effet, contrairement au droit d'auteur, le droit des marques est territorial, c'est-à-dire que la marque n'est protégée que sur le territoire pour lequel elle est enregistrée. Les marques notoires échappent en partie à ce système étant donné que leur notoriété (établie par le fait qu'elles sont connues d'une large fraction du public) leur permet d'être protégées alors même qu'elles ne seraient pas enregistrées.

En tout état de cause, le déposant devra effectuer un contrôle d'antériorité afin de s'assurer qu'aucune marque n'a été déposée pour le même secteur d'activité (les secteurs étant répartis en classes au sein de l'Arrangement de Nice) et présentant un risque de confusion pour le consommateur moyen avec le projet de marque.

La marque confère un monopole d'exploitation sur le signe. Le monopole sur la marque dure dix ans et peut être renouvelé indéfiniment.

65 Les organismes compétents en matière d'enregistrement et de gestion des droits de marques

Les entreprises et organismes souhaitant enregistrer une marque peuvent faire un choix entre plusieurs organismes en charge de l'enregistrement des marques.

1) L'enregistrement sur le territoire français

En **France**, les entreprises devront s'adresser à l'Institut national de la propriété intellectuelle (INPI). L'INPI encourage au dépôt de marque en ligne et leur base de données est accessible 7 jours sur 7 et 24/24 heures.

Avant tout dépôt de marque, les déposants devront effectuer une recherche d'antériorité de marque sur la base de données des marques enregistrées à l'INPI. Pour ce faire, les déposants peuvent choisir plusieurs options, dont les recherches par mot ou par logo. Lorsque les résultats leur seront présentés, ils devront être attentifs aux similarités pouvant impliquer un risque de confusion pour le consommateur moyen de leur produit ou service – sachant que le consommateur moyen est réputé plus attentif lorsqu'il achète un produit ou service cher – et, si des marques sont identiques ou similaires, ils devront contrôler que lesdites marques sont utilisées dans un secteur économique similaire.

Pour ce faire, les déposants devront contrôler les classes pour lesquelles la marque est déposée. Les classes ont été établies dans la classification de Nice :

Numéro de classe	Produits ou services
1	Produits chimiques destinés à l'industrie, etc.
2	Peintures, vernis, encres, etc.
3	Lessives, cosmétiques, préparations pour dégraisser et polir, etc.
4	Huiles industrielles, combustibles, matières éclairantes, etc.
5	Produits pharmaceutiques et vétérinaires, etc.
6	Métaux et leurs alliages, etc.
7	Machines-outils et moteurs, etc.
8	Outils et instruments à mains entraînés manuellement, etc.
9	Appareils et instruments spécifiques, etc.
10	Appareils et instruments chirurgicaux, médicaux, etc.
11	Appareils d'éclairage et de chauffage, etc.
12	Véhicules et appareils de locomotion, etc.

Numéro de classe	Produits ou services
13	Armes à feu, munitions et projectiles, etc.
14	Joaillerie, bijouterie, pierres précieuses, etc.
15	Instruments de musiques, etc.
16	Produits de l'imprimerie et papeterie, etc.
17	Caoutchouc, gomme, amiante et matières à calfeutrer, etc.
18	Cuir et maroquinerie, etc.
19	Matériaux de construction non métalliques, etc.
20	Meubles, etc.
21	Ustensiles de ménage et récipients de cuisine, etc.
22	Cordes, ficelles, tentes, bâches, etc.
23	Fils à usage textile, etc.
24	Tissus, etc.
25	Vêtements, chapellerie et chaussures, etc.
26	Dentelles, broderies, rubans, etc.
27	Tapis, paillassons et tapisserie, etc.
28	Jeux et jouets, etc.
29	Viandes, poissons, fruits, légumes, lait et œufs, etc.
30	Café, thé, cacao, sucre, etc.
31	Produits de l'agriculture et de l'aquaculture, etc.
32	Boissons non alcoolisées et bières, etc.
33	Boissons alcoolisées, etc.
34	Tabac et articles pour fumeur, etc.
35	Publicité et gestions des affaires commerciales, etc.
36	Assurances et services financiers, etc.
37	Construction et informations en matière de construction, etc.
38	Télécommunications, etc.
39	Transports, emballage et entreposage de marchandises, etc.
40	Sciage, couture et imprimerie, etc.
41	Éducation, formation et divertissement, etc.
42	Évaluations et estimations scientifiques, etc.
43	Services de restaurations et hôteliers, etc.
44	Services d'agriculture, d'horticulture et de sylviculture, etc.
45	Services juridiques et médiations, etc.

Attention, les classes ne constituent qu'un indice que deux marques sont utilisées dans un contexte de concurrence ! Cependant, il peut s'avérer que deux marques similaires enregistrées pour la même classe ne sont pas en concurrence (il conviendrait par conséquent de se limiter au sein des classes aux activités effectivement exercées afin d'éviter d'inutiles oppositions). *A contrario*, il pourrait arriver que des activités pourtant enregistrées dans des classes différentes s'avèrent concurrentes.

2) L'enregistrement pour le territoire de l'Union européenne

Les déposants pourront en outre opter pour une marque européenne auprès de l'Office de l'Union européenne pour la propriété intellectuelle (EUIPO). Situé à Alicante, cet organisme permet d'enregistrer une marque valable pour l'intégralité du territoire de l'Union européenne. Les frais d'enregistrement sont cependant beaucoup plus élevés que pour une marque française enregistrée à l'INPI.

Les déposants peuvent, lorsqu'ils souhaitent protéger leur trésorerie, effectuer un dépôt de marque en France à moindre coût et, dans le délai de six mois, déposer la même marque à l'EUIPO afin de bénéficier du délai d'antériorité (la marque européenne sera protégée depuis la date de dépôt de la marque à l'INPI).

Les déposants souhaitant protéger leur marque à l'étranger auront deux possibilités :

- si aucune marque n'a été déposée en France ou pour l'Union européenne, ils devront se rapprocher des organismes d'enregistrement des marques des pays visés ;
- si une marque a été enregistrée en France ou pour l'Union européenne, ils pourront effectuer leur demande d'enregistrement à l'étranger *via* l'Organisation mondiale de la propriété intellectuelle (ce qui présentera, à tout le moins pour les États-Unis, l'intérêt d'éviter les frais d'avocats souvent très importants).

La licence et la cession de marque

66

1) La différence entre licence et cession de marque

La licence de marque se distingue de la cession dans la mesure où il n'y a pas de transfert de propriété, mais simplement « louage » de la marque.

Les textes ne prévoient pas explicitement que la licence de marque soit écrite. Cependant, pour des questions probatoires, le recours à l'écrit apparaît indispensable. Ce dernier sera nécessaire pour faire inscrire à l'INPI le transfert de propriété sur la marque.

La cession implique que le titulaire cédant ne pourra plus exploiter la marque (à tout le moins pendant la durée du contrat). En ce qui concerne la licence, il est nécessaire de préciser s'il s'agit d'une licence exclusive ou non. Dans le premier cas, le titulaire de la marque ne pourra pas conclure de contrat de licence avec des tiers. La licence non exclusive présente l'inconvénient de ne pas avoir d'avantage concurrentiel vis-à-vis d'autres opérateurs bénéficiaires de licences parallèles. Une clause dite du « licencié le plus favorisé » pourra être insérée afin de faire bénéficier le licencié de meilleures conditions de licence qui pourraient être octroyées à des tiers.

En cas de contrat de licence, les conditions de fabrication doivent être préservées afin de protéger la qualité du produit. Le contrat de licence peut inclure une clause d'approvisionnement exclusive.

2) Les mentions nécessaires dans un contrat de cession ou de licence de marque

Il convient de prévoir un préambule dans les contrats de cession et de licence de marque. Cela présente l'avantage :

- de rappeler la chaîne de droits – c'est-à-dire les éventuels transferts de propriété de la marque ;
- d'identifier clairement les parties et leurs rôles dans la logique commerciale ;
- d'expliciter la réputation de la marque dans un domaine économique ou son image sur le marché – ces aspects qualitatifs fondent la valeur de la marque ;
- de présenter l'état des échanges précontractuels, notamment au sujet des questions techniques et commerciales ;
- d'exposer la philosophie du contrat.

Il conviendra de préciser dans le corps du contrat :

- **le territoire de la cession ou de la licence :** il s'agit d'être attentif aux expressions manquant de précision comme l'hémisphère Ouest, l'Europe, etc. ;

- **la durée du contrat** : le contrat peut être conclu à durée déterminée ou indéterminée – mais le titulaire de la marque a intérêt à limiter la durée du contrat – et les modalités d'un éventuel renouvellement ;
- **l'identification de la marque :** il convient à tout le moins de mentionner le nom ou le logo de la marque ainsi que le numéro d'enregistrement – l'idéal étant d'annexer au contrat une copie du certificat de dépôt de la marque – et il est préférable d'attendre l'enregistrement de la marque avant de procéder à l'établissement du contrat de licence ;
- **l'identification des produits** : le contrat ne peut concerner que les produits et services désignés dans l'enregistrement de la marque ;
- **le prix :** certains contrats prévoient un droit d'entrée lors de la conclusion du contrat. Outre cet éventuel droit d'entrée, le montant des redevances ou les modalités de calcul de la redevance doivent être fixés (elles sont en principe proportionnelles aux ventes).

La contrefaçon du droit des marques

67

1) Le régime de la contrefaçon

Le régime de la contrefaçon de marque vise à protéger :

– le consommateur, qui doit pouvoir avoir confiance dans les produits achetés ;

– le titulaire de la marque, qui doit être protégé contre les utilisations de son signe par des tiers.

Dès lors, le titulaire d'une marque peut agir en contrefaçon dans deux cas :

– lorsque la marque attaquée est identique, il lui suffira d'apporter la preuve que la marque est utilisée dans le même secteur économique (l'identité des marques implique une présomption de risque de confusion) ;

– si les marques sont similaires, le demandeur devra apporter la preuve de l'existence d'un risque de confusion ainsi que l'utilisation dans un contexte commercial concurrent.

2) Les actions en contrefaçon

Le titulaire de la marque a le choix entre deux voies judiciaires (qu'il peut emprunter concomitamment ou séparément) :

- **L'action civile** : l'action devra être initiée par assignation (donc par un avocat) devant les tribunaux judiciaires de Paris, Lille, Nanterre, Nancy, Strasbourg, Rennes, Lyon, Bordeaux, Marseille. Trois critères ont été fixés afin de calculer les dommages et intérêts :
  – l'examen des conséquences économiques négatives de la contrefaçon, dont le manque à gagner et la perte subis par la partie lésée ;
  – le préjudice moral causé à cette dernière ;
  – l'évaluation des bénéfices réalisés par le contrefacteur, y compris les économies d'investissements intellectuels, matériels et promotionnels que celui-ci a retirées de la contrefaçon.

  La preuve étant libre en matière de contrefaçon – ce qui veut dire que tout moyen de preuve loyal est recevable –, les victimes de contrefaçon pourront produire tout élément susceptible de prouver le montant de leur préjudice.

  En cas de condamnation civile pour contrefaçon, la juridiction peut ordonner, à la demande de la partie lésée, que les produits reconnus comme contrefaisants et les matériaux et instruments ayant principalement servi à leur création ou fabrication soient rappelés des circuits commerciaux, écartés définitivement de ces circuits, détruits ou confisqués au profit de la partie lésée.

La juridiction peut aussi ordonner toute mesure appropriée de publicité du jugement, notamment son affichage ou sa publication intégrale ou par extraits dans les journaux ou sur les services de communication au public en ligne qu'elle désigne, selon les modalités qu'elle précise.

- **l'action pénale :** elle présente le défaut de la lenteur par rapport à l'action civile, mais l'avantage de pouvoir être effectué devant tous les tribunaux correctionnels de France. Les sanctions pénales sont sévères :
  - **trois ans de prison et 300 000 euros d'amende** pour le fait de détenir sans motif légitime, importer ou exporter des marchandises présentées sous une marque contrefaisante ; d'offrir à la vente ou de vendre des marchandises présentées sous une marque contrefaisante ; de reproduire, d'imiter, d'apposer, de supprimer, de modifier une marque, une marque collective ou une marque de garantie en violation des droits conférés par son enregistrement et des interdictions qui découlent de celui-ci ; de sciemment livrer un produit ou fournir un service autre que celui qui lui est demandé sous une marque enregistrée ;
  - **quatre ans d'emprisonnement et 400 000 euros d'amende** pour le fait de vendre, fournir, offrir à la vente ou louer des marchandises présentées sous une marque contrefaisante d'importer, d'exporter, de réexporter ou de transborder des marchandises présentées sous une marque contrefaisante ; de produire industriellement des marchandises présentées sous une marque contrefaisante.

Google Ads (anciennement *Adword*) et droit des marques

68

Les moteurs de recherche présentent, dans leur grande majorité, des liens dits sponsorisés ou commerciaux. Ces liens commerciaux utilisent parfois des marques de tiers afin d'attirer les internautes. La question s'est posée de savoir si ces liens étaient licites ou s'ils violaient les droits des titulaires de marques.

La jurisprudence – c'est-à-dire les juges – ont distingué entre les hypothèses où les liens sont créés par des tiers aux concurrents du secteur économique concerné et celles où les liens sont créés par des concurrents directs.

1) Les services de référencement sur Internet

En ce qui concerne **services de référencement sur Internet** – comme Google vis-à-vis des titulaires de marques –, il a été retenu que le fait de commercialiser des mots clés sans autorisation du titulaire des droits ne constitue pas une contrefaçon. En effet, Google – et les autres services de référencement sur Internet – ne font que stocker en tant que mot clé un signe identique à une marque. Le moteur de recherche se contente d'organiser l'affichage d'annonces et ne fait donc pas un usage du signe au sens du droit des marques. En somme, le simple fait d'offrir et de commercialiser des mots clés identiques à des marques ne caractérise pas la contrefaçon.

Suite à une série de décisions de la Cour de justice de l'Union européenne et de la Cour de cassation, Google a décidé de ne plus intervenir dans les choix des mots clés *Google Ads*. Cela permet en outre aux moteurs de recherche de bénéficier du régime d'hébergeur étant donné qu'ils ne font que stocker des contenus sans aucune intervention. Partant, le moteur de recherche n'engagera sa responsabilité pour les *Adwords* que dans les cas suivants :

- s'il a connaissance de la présence d'une contrefaçon de marque – ce qui ne sera *a priori* pas retenu par les juges étant donné qu'il s'agit d'une connaissance trop difficile à appréhender pour un logiciel ;
- en cas de notification et si le moteur de recherche ne retire pas promptement le contenu – encore faudrait-il que l'usage fait par le moteur de recherche soit commercial, ce qui est au sens des jurisprudences européenne et française peu probable.

Les moteurs de recherchent bénéficient donc d'un double niveau de protection en matière de *Google Ads* étant donné qu'ils ne font pas un usage commercial de la marque et qu'ils restent neutres quant à l'usage des mots clés.

2) Les annonceurs

En ce qui concerne les concurrents directs – c'est-à-dire les **annonceurs** – il a été retenu que les créateurs de liens doivent intégrer dans leur programme *Adwords* une liste de « mots clés négatifs » afin qu'ils ne déclenchent pas d'annonces intempestives. En effet, pour les annonceurs, la sélection d'un mot identique à la marque a pour objet et pour effet l'affichage d'un lien promotionnel vers le site Internet sur lequel il offre à la vente ses produits ou services. Le choix d'un mot clé relève d'un usage commercial et non d'un usage privé. Dès lors, l'usage par un annonceur de la marque d'un concurrent constitue une contrefaçon.

Concrètement, l'annonceur engagera sa responsabilité :

- lorsque la marque utilisée est celle d'un concurrent et qu'aucune autorisation écrite préalable n'a été donnée pour utiliser le signe dans le cadre d'une campagne de liens promotionnels ;
- lorsque le consommateur moyen – notion qui variera en fonction du produit ou service concerné – peut seulement difficilement savoir si les produits ou services visés par l'annonceur proviennent du titulaire de la marque ou de son concurrent.

Il n'est cependant pas question de bannir tout élément d'une marque. À ce titre, dans l'affaire Look Voyages, les juges ont retenu que le titulaire de cette marque n'apporte pas la preuve que l'emploi du terme « voyages » constitue une contrefaçon de la marque. En tout état de cause, le terme « voyages » est descriptif de l'activité et aurait pu justifier un refus de l'enregistrement de la marque. En conséquence, l'usage d'une marque par un concurrent direct pourrait constituer une contrefaçon, à moins que l'élément utilisé ne soit descriptif de l'activité.

La protection des noms de domaines

69

Le nom de domaine est l'adresse d'un site Internet. Il permet d'identifier un site. Étant donné que le nom de domaine permet d'attirer des clients, il arrive que des tiers tentent de se les approprier. Pourtant, les propriétaires de noms de domaines ont un droit sur ce nom.

1) Les fondements de la protection des noms de domaines

Il ne s'agit cependant pas d'un droit de propriété au sens classique du terme. À ce titre, la protection n'est pas fondée sur le droit de la propriété mais sur la responsabilité civile (article 1240 du Code civil), ce qui implique la réunion de trois critères :

– une faute ;

– un préjudice ;

– un lien de causalité.

En outre, le Code des postes et télécommunications électroniques (CPCE) dispose que les registres attribuant les noms de domaine n'ont pas de droit de propriété sur ces derniers. Partant, ils ne sauraient transférer aucun droit de propriété, étant donné que l'on ne peut transférer plus de droits que l'on a.

La Cour européenne des droits de l'Homme a néanmoins élaboré la notion de possession en matière de nom de domaine. De ce fait, les titulaires de noms de domaine bénéficient de la protection accordée au droit de propriété.

Le titulaire d'un nom de domaine dispose d'un droit exclusif. Il pourra par conséquent saisir le juge contre une éventuelle usurpation.

Une fois déposé, le nom de domaine est protégé à compter de la date du dépôt s'il est utilisé. Il sera par conséquent fait interdiction aux tiers d'enregistrer un nom de domaine identique ultérieurement.

2) Les actions en matière de noms de domaines

L'émergence d'un droit suite à l'enregistrement signifie l'ouverture de plusieurs actions :

– **droit au nom** : cette action permet de faire cesser l'usurpation, notamment d'un nom patronymique, et peut être accompagnée d'une action pénale en usurpation d'identité ;

– **contrefaçon de droit d'auteur** : il en ira ainsi si le nom de domaine contient une expression originale ;

- **contrefaçon de marque :** il en ira ainsi si un signe identique ou similaire, mais présentant un risque de confusion avec une marque enregistrée, est utilisé pour une activité commerciale similaire ;
- **concurrence déloyale :** l'action sera ouverte si l'usurpation touche le nom commercial, l'enseigne ou la dénomination sociale du titulaire du nom de domaine lorsqu'ils n'ont pas été déposés comme marques ;
- **trouble manifestement illicite :** cette action est ouverte lorsque le nom de domaine déposé est contraire à l'ordre public et aux bonnes mœurs, et notamment si le nom de domaine contient un nom commercial précédé ou suivi d'une insulte et dont le seul objectif est de salir la société (à moins que l'expression ne relève de la liberté d'expression).

L'enregistrement des noms de domaines

70

En France les noms de domaines en « .fr » ou autres extensions se rattachant à la France sont attribués par l'Association française pour le nommage Internet en coopération (AFNIC). Les juridictions françaises sont compétentes pour connaître des contentieux concernant les noms de domaine attribués par l'AFNIC.

L'enregistrement des noms de domaine se divise en plusieurs organismes chapeautés par l'ICANN (Internet Corporation for Assigned Names und Numbers), qui est un organisme à but non lucratif de droit californien dont le siège est situé à Los Angeles.

1) L'enregistrement auprès de l'AFNIC

L'**AFNIC** n'effectue aucun contrôle *a priori* et se fonde sur la règle du « premier arrivé premier servi ». En conséquence, elle n'est pas responsable en cas d'enregistrement d'un nom de domaine qui ressortirait à l'activité légitime d'autrui. Seule la personne à l'origine de la demande d'enregistrement engagerait sa responsabilité. Une recherche dite « WHOIS » permettra de déterminer si le nom de domaine que l'on souhaite enregistrer est déjà déposé. En tout état de cause, un contrôle sur le site de l'INPI voire celui de l'Office de l'Union européenne pour la propriété intellectuelle (EUIPO) permettra de déterminer si une marque identique ou similaire a été déposée pour une activité similaire.

Afin de déposer une demande d'enregistrement, le demandeur doit décliner son identité. Il n'est pas demandé d'apporter la preuve d'un droit sur le nom inclus dans le nom de domaine.

L'AFNIC a cependant le droit de rejeter une demande d'enregistrement de nom de domaine si le nom proposé est de nature à porter atteinte à des droits protégés (en particulier droit de la personnalité, droit d'auteur et droit des marques, violation de l'ordre public, etc.). Elle pourra également s'opposer à une demande d'enregistrement qui aurait pour seul objectif de céder le nom de domaine à un tiers ou plus généralement de nuire à autrui (cela sera retenu lorsque l'intention frauduleuse est évidente).

L'enregistrement à l'AFNIC marque le début de la protection. Celle-ci perdure tant que le nom de domaine est utilisé.

Le juge pourra ordonner :

– des dommages et intérêts ;

– le transfert du nom de domaine au profit du titulaire victime de l'usurpation.

2) Le rôle de l'ICANN

Au niveau international l'ICANN applique également le principe du premier arrivé premier servi. Elle n'opère aucun contrôle au stade de l'enregistrement. Le demandeur de l'enregistrement se contente de s'engager à ne pas violer un droit de marque. En cas de contestation, l'ICANN renvoie les parties devant un organisme d'arbitrage qui sera, au choix du requérant, l'Organisation mondiale de la propriété intellectuelle en Suisse, le National Arbitration Forum aux États-Unis, le Centre d'arbitrage tchèque, ou l'Asian Domaine Name Dispute Resolution Center. Le requérant devra démontrer que le nom de domaine en question usurpe le sien pour les raisons suivantes :

- il est identique ;
- sa similarité engendre un risque de confusion ;
- le défendeur ne peut justifier d'aucun droit ni intérêt légitime à user du nom de domaine contesté ;
- le défendeur a enregistré le nom de domaine de mauvaise foi.

Le tribunal arbitral peut prononcer les mesures suivantes :

- ordonner la révocation ou le transfert du nom de domaine ;
- ordonner des dommages et intérêts.

La victime française aura toujours la possibilité de saisir un organisme d'arbitrage et de saisir concomitamment le juge français. Le titulaire du nom de domaine risquera d'être confronté à des difficultés pour faire reconnaître sa décision aux États-Unis.

Le *cybersquatting* 71

Des comportements parasitaires se sont développés consistant à enregistrer des noms de domaines aux seules fins de revente.

Il s'agit de l'enregistrement d'un nom protégé comme nom de domaine. Il est nécessaire qu'il y ait :
– utilisation d'une marque et risque de confusion ;
– apport de la preuve d'un acte parasitaire s'il ne s'agit pas d'une marque.

1) Les fondements du *cybersquatting*

Le *cybersquatting* ainsi que le *typosquatting* – qui consiste à ajouter une coquille dans le nom (dite *typo* en anglais) – constituent des fautes permettant d'engager la responsabilité du tiers qui utiliserait l'image de la société et risquerait de lui nuire. L'un des principaux objectifs du *cybersquatting* vise à enregistrer un nom afin de le revendre – à un prix élevé – au titulaire de la marque.

Afin de déterminer l'identité de l'agent à l'origine du *cybersquatting*, il conviendra d'effectuer une recherche de titularité du nom de domaine de type WHOIS sur le site de l'AFNIC. Cette dernière refusera de lever l'anonymat si le nom de domaine litigieux a été enregistré antérieurement à la date de dépôt de la marque ou antérieurement à la date d'immatriculation de la société.

2) Les procédures applicables

Au cours de la procédure de vérification, le nom de domaine litigieux est bloqué pendant une période de trente jours, puis bloqué pendant une période de trente jours.

L'AFNIC pourra proposer de recourir à une procédure alternative de résolution des litiges si aucune solution amiable n'est trouvée. Deux procédures sont ouvertes :

– **Parl Expert** : la procédure est mise en place en collaboration avec l'Organisation mondiale de la propriété intellectuelle (OMPI) et les décisions sont rendues par des experts désignés sur des listes par l'AFNIC et l'OMPI ;
– **Syreli** : il s'agit du système de résolution des litiges dans lequel les décisions sont rendues par un collège.

Les deux procédures durent environ deux mois.

En cas de décision de suppression, le nom de domaine retombe dans le domaine public. Il se retrouve par conséquent soumis à la règle du « premier arrivé premier servi ». L'ancien titulaire pourrait par conséquent réserver de nouveau le nom de domaine. Autre inconvénient à la procédure : l'AFNIC ne prononce pas de dommages et intérêts.

Il sera également possible de saisir les juridictions étatiques.

Il convient par conséquent de se protéger en amont et de réserver au plus tôt le nom de domaine correspondant au nom des produits ou services vendus. Les coûts étant réduits, il est de bonne gestion des actifs de l'entreprise que d'opter pour un enregistrement.

Concomitamment, l'enregistrement comme marque (française ou européenne) permettra de disposer d'un titre fort, opposable aux tiers et notamment à des cybersquatteurs qui effectueraient des *typosquattings*. Cela permettra d'introduire une action en contrefaçon d'une adresse URL qui constituerait un *cybersquatting*. La perspective de sanctions pénales lourdes pourra amener les cybersquatteurs à la raison et à accepter de transférer le ou les noms de domaine litigieux.

PARTIE IX

La réglementation des prestataires techniques de l'Internet

72 La responsabilité des fournisseurs d'accès à Internet

L'article 6, I, 1° de la loi pour la confiance dans l'économie numérique définit l'activité de fournisseur d'accès à Internet (FAI) comme celle qui consiste à « offrir un accès à des services de communication au public en ligne ». Le FAI se limite donc à fournir un accès à Internet à leurs clients.

L'article 12 de la directive e-commerce a associé le FAI au régime du transporteur qui transmet les données (voir fiche 78). Le FAI ainsi que le transporteur ne sont nullement impliqués dans l'information transmise.

1) Le régime de la responsabilité des fournisseurs d'accès à Internet

Le fournisseur d'accès à Internet bénéficie d'un régime d'irresponsabilité civile et pénale. Il ne pourrait être responsable que s'il sortait de son rôle de transporteur d'informations – et notamment s'il modifiait les informations, les données, ou s'il choisissait le destinataire. Les FAI n'ont donc aucune obligation de contrôle ni de surveillance, aucune obligation d'enquête et aucune obligation de filtrage. Un principe de neutralité leur est par conséquent imposé.

Il est cependant possible d'imposer judiciairement des mesures de blocage. Les arrêts SABAM c. Netlog et Scarlet c. SABAM de la Cour de justice de l'Union européenne ont interdit le filtrage général. Une lecture *a contrario* des arrêts permet de comprendre qu'un filtrage est possible dans les cas suivants :

- il est limité ;
- il est prononcé à titre curatif ;
- il ne fait pas reposer l'intégralité des frais sur le FAI (il n'y aura cependant pas de compensation financière pour les coûts liés à l'exécution des mesures ordonnées) ;
- il est limité dans le temps (par exemple six mois dans l'affaire Copwatch : voir TGI Paris, ord. réf., 10 février 2012, n° 12/51224).

2) Les différents types de procédures en référé

La loi pour la confiance dans l'économie numérique a introduit la procédure du référé Internet. Le juge peut ainsi prescrire en référé ou sur requête à l'hébergeur, ou au fournisseur d'accès à Internet, toutes mesures propres à prévenir un dommage ou à faire cesser un dommage occasionné par le contenu d'un service de communication au public en ligne. Le particularisme de la procédure de référé Internet réside dans le fait que les seuls destinataires de cette procédure sont les prestataires techniques. Le texte de la

LCEN laissait penser que l'action contre un FAI était limitée aux cas où une action à l'encontre de l'hébergeur avait été vainement menée. Cependant, dans l'affaire Aaargh, la Cour de cassation a rejeté le principe de subsidiarité (Cass. civ. 1re, 19 juin 2008, n° 07-12.244, AFA et a. c/UEJF et a.). Les FAI peuvent donc être directement attraits sans poursuite préalable des hébergeurs. L'arrêt ajoute qu'une telle solution ne méconnaît « ni le principe de proportionnalité ni le caractère provisoire des mesures ».

La loi Hadopi a également créé un référé dit « droit d'auteur » à l'article L. 336-2 du Code de la propriété intellectuelle. Le tribunal judiciaire peut statuer en la forme des référés et peut ordonner, à la demande des ayants droit, des sociétés de perception et de répartition des droits ou des organismes de défense professionnels, toutes mesures propres à prévenir ou à faire cesser une atteinte à un droit d'auteur ou à un droit voisin à l'encontre de toute personne susceptible de contribuer à y remédier. Le « référé droit d'auteur » se distingue du « référé Internet » dans la mesure où le principe de subsidiarité n'a pas posé question. En conséquence, il ne fait pas de doute que les FAI peuvent être mis en cause pour violation d'un droit d'auteur ou d'un droit voisin.

Le **référé « jeux en ligne » ou « référé Arjel »** : ce référé a été créé par la loi n° 2010-476 du 12 mai 2010 relative à l'ouverture à la concurrence et à la régulation du secteur des jeux d'argent et de hasard en ligne afin d'obtenir le blocage de l'accès aux sites de jeux illégaux. L'Autorité de régulation des jeux en ligne (Arjel) adresse aux opérateurs de jeux ou de paris en ligne non autorisés une mise en demeure enjoignant à ces opérateurs de respecter cette interdiction et les invitant à présenter leurs observations dans un délai de huit jours. À l'issue de ce délai, et en cas d'inexécution, le président de l'Arjel peut saisir le président du tribunal judiciaire de Paris aux fins d'ordonner, en la forme des référés, l'arrêt de l'accès à ce service aux hébergeurs et le cas échéant aux fournisseurs d'accès. Le blocage est donc mixte étant donné qu'il est ordonné par l'autorité judiciaire, elle-même saisie par l'autorité administrative. Le référé « jeux en ligne » ne permet que de demander l'arrêt de l'accès au service.

73 Le principe de non-autorisation préalable à l'activité d'un créateur d'hyperlien

Tim Berners-Lee, inventeur de l'hyperlien et du Web, avait imaginé un Internet sur lequel il serait possible de lier sans autorisation préalable des auteurs de pages cibles. La jurisprudence française postérieure a laissé penser qu'elle allait se référer aux principes des « Pères fondateurs » de l'Internet et recourir à la « nétiquette » (c'est-à-dire aux règles de savoir-vivre en ligne). En effet, le tribunal de commerce de Paris a retenu dans un jugement en date du 26 décembre 2000 que « le bon usage des possibilités offertes par le réseau Internet commanderait, pour le moins, de prévenir le propriétaire du site cible » lorsqu'un hyperlien le pointe. Le jugement introduit donc l'idée d'autorisation préalable et d'appliquer les règles de la nétiquette suggérant de solliciter l'autorisation préalablement à la création du lien. La nécessité de solliciter l'autorisation de l'auteur de l'œuvre liée avant de créer le lien aurait pour conséquence d'introduire une capacité de censure en faveur des auteurs critiqués. Les résultats français et européen convergent mais les raisonnements divergent.

1) La solution française

La loi pour la confiance dans l'économie numérique a établi à l'article 1er le principe de la liberté de communication par voie électronique, ouvrant ainsi la porte à l'affirmation de la liberté de lier. La jurisprudence a explicitement retenu cette solution dans un jugement rendu par le tribunal de grande instance de Nanterre le 25 mars 2010 en affirmant que « l'existence d'un lien, à titre informatif, [n'est pas] soumise à une autorisation préalable » lorsque ce lien n'implique pas le droit d'auteur. La liberté de créer des liens à visée informative se trouve par conséquent constitutionnellement protégée par l'article 11 de la Déclaration des droits de l'homme et du citoyen de 1789.

2) La solution européenne

La Cour de justice de l'Union européenne a dégagé un autre fondement afin de justifier l'absence d'autorisation préalable à la création d'un lien dans l'arrêt Svensson. Le raisonnement se divise en deux temps :

- dans le premier, les juges reconnaissent que les liens communiquent les œuvres aux internautes ;
- dans le second, les juges retiennent qu'il n'y a pas de communication au public dans la mesure où l'œuvre n'est pas communiquée à un public nouveau. Le public est entendu

de façon large, car il inclut le public potentiel et non pas seulement effectif. Le public est constitué d'une pluralité de personnes, par opposition aux cercles des intimes ou au cercle de famille, et distinct de la notion de clientèle. L'exigence de public nouveau ne s'efface que lorsque le médium utilisé diffère ou lorsqu'un public qui n'était pas visé par l'ayant droit a accès à une œuvre protégée.

En conséquence, lorsqu'il n'y a pas de communication à un public, le droit d'auteur ne s'applique pas et le principe de l'autorisation préalable se trouve écarté. Le recours au critère de public nouveau étonne néanmoins dans la mesure où il avait été écarté par la Conférence de rédaction de la convention de Berne relative au droit d'auteur. Le critère ainsi retenu par les juges européens place donc l'Union européenne dans une situation de violation de ses obligations internationales (et notamment de l'accord ADPIC qui renvoie à la convention de Berne).

Le résultat de l'arrêt Svensson correspond non seulement à la jurisprudence en formation au sein des États membres de l'Union européenne, mais également à la pratique des acteurs de l'Internet. En effet, le Groupement des éditeurs de services en ligne a notamment conclu une charte d'édition électronique autorisant l'établissement de liens sans autorisation préalable opposable uniquement aux signataires.

L'arrêt Svensson a été rendu dans une affaire concernant des liens hypertextes créés par des personnes humaines. Néanmoins, le principe d'absence d'autorisation principale à la création d'un hyperlien s'applique également aux créateurs automatiques de liens et notamment aux moteurs de recherche comme Google, YouTube, Amazon, etc. Ce principe assure *a priori* le développement d'un Internet non censuré et libre.

74 Les communications commerciales non sollicitées (le *spamming*)

Les communications commerciales non sollicitées constituent ce que les internautes appellent le *spamming*. Le *spamming* est défini par la Commission nationale de l'informatique et des libertés comme « l'envoi massif – et parfois répété – de courriers électroniques non sollicités, le plus souvent à caractère commercial » à des personnes avec lesquelles l'expéditeur n'a *a priori* jamais eu de contact.

1) La définition de la communication commerciale non sollicitée

Tout d'abord, la technique du *spamming* est de nature à entraîner l'application de l'article 1240 du Code civil. Cette mise en œuvre requiert :

- une faute ;
- un préjudice ;
- un lien de causalité entre la faute et le préjudice.

Or, l'utilisation d'une adresse e-mail – si elle constitue une donnée personnelle (et notamment si elle contient les noms et prénoms de la personne concernée) – constitue une faute en ce qu'il s'agit d'une violation du droit des données. En effet, l'utilisation des données nécessite le consentement préalable de la personne intéressée. Le recours à l'*opt out* – c'est-à-dire au maintien des données, sauf avis contraire de la personne concernée – est ainsi interdit.

La violation de la règle de l'*opt in* est punie d'une amende de 750 euros pour chaque message irrégulièrement envoyé. En outre, la violation du droit d'opposition est sanctionnée d'une peine de cinq ans d'emprisonnement et de 300 000 euros d'amende (1,5 million d'euros pour une personne morale).

La faute peut également être pénale lorsque l'objectif du *spamming* est de :

- diffuser un virus ;
- voler des données ;
- effectuer une escroquerie ;
- prospecter sans consentement préalable ;
- reposer sur une pratique commerciale trompeuse lorsque celle-ci crée une confusion avec un autre bien ou service, une marque, un nom commercial ou un autre signe distinctif d'un concurrent, lorsqu'elle repose sur des allégations, indications ou présentations fausses ou de nature à induire en erreur, ou bien encore lorsque la personne pour le compte de laquelle elle est mise en œuvre n'est pas clairement identifiable ;

– entraver ou fausser le fonctionnement d'un système de traitement automatisé de données.

Des poursuites pénales peuvent accompagner – ou précéder – une action devant les juridictions civiles aux fins d'obtenir des dommages et intérêts.

Le destinataire des courriels peut subir un préjudice si, notamment, leur envoi répété l'empêche d'utiliser normalement et raisonnablement son installation informatique. Les juges condamneront le responsable à indemniser la victime de l'intégralité du préjudice subi.

En outre, les fournisseurs d'accès à Internet peuvent couper cet accès à leurs clients qui ont été condamnés pour avoir pratiqué le *spamming*.

2) Les exceptions à la pratique du *spamming*

La pratique du *spamming* sera autorisée dans les cas suivants :

– les coordonnées du destinataire ont été recueillies directement auprès de lui, dans le respect du droit des données, à l'occasion d'une vente ou d'une prestation de services ;

– la prospection directe concerne des produits ou services analogues fournis par la même personne physique ou morale ;

– le destinataire se voit offrir, de manière expresse et dénuée d'ambiguïté, la possibilité de s'opposer, sans frais, hormis ceux liés à la transmission du refus, et de manière simple, à l'utilisation de ses coordonnées au moment où elles sont recueillies et chaque fois qu'un courrier électronique de prospection lui est adressé au cas où il n'aurait pas refusé d'emblée une telle exploitation.

75 La connaissance effective de la présence d'une infraction et le régime applicable aux serveurs

Le droit de la responsabilité civile est traditionnellement indifférent à la question de la connaissance effective de la présence d'une contrefaçon.

C'est à ce titre qu'avant l'introduction du régime de responsabilité spéciale des hébergeurs par la loi pour la confiance dans l'économie numérique (LCEN) des hébergeurs ont été condamnés pour contrefaçon ou violation du droit à l'image à cause de la simple présence d'un contenu illicite sur le serveur.

Le régime est apparu aux yeux du législateur européen comme un risque pour le développement de l'Internet sur le Vieux Continent en ce qu'il aurait dissuadé les opérateurs européens de se développer. La directive dite e-commerce (transposée en droit français par la LCEN) introduit par conséquent un régime spécial de responsabilité des hébergeurs fondé sur la connaissance effective ainsi que sur la connaissance apportée par une notification.

1) La connaissance effective

Le Conseil constitutionnel a précisé le critère de la connaissance dans sa décision n° 2004-496 en ajoutant au critère de la connaissance effective – qui s'avère *a priori* subjective – une dimension objective en retenant que l'élément litigieux doit être manifestement illicite. Le Conseil n'a cependant pas précisé les contours de la notion de connaissance subjective.

En tout état de cause, la jurisprudence française n'a jamais reconnu une connaissance subjective du responsable d'un hébergeur. À titre d'exemple, des contenus niant l'existence du génocide arménien – qui sont *a priori* faciles à identifier étant donné que l'infraction est claire – n'ont pas amené les juges à retenir que l'hébergeur avait une connaissance effective de la présence d'éléments illicites sur le serveur. Le second critère relatif à la connaissance objective permet de renforcer la sécurité des créateurs automatiques de liens (comme Google) étant donné qu'il se cumule avec celui de la responsabilité subjective.

2) L'absence d'obligation de surveillance

L'Internet libre – c'est-à-dire sans surveillance – constitue un excellent moyen pour les utilisateurs d'échanger des idées sans encourir le risque d'être surveillés. Cela permet d'éviter l'autocensure des internautes. En effet, l'existence d'un système de surveillance généralisée a pour conséquence d'amener les internautes ayant des idées qu'ils considèrent comme étant minoritaires à s'autocensurer. L'absence de connaissance de la présence de contenu illicite est d'autant plus importante que **le législateur a rejeté toute obligation de surveillance des fournisseurs d'accès à Internet**.

L'Union européenne a en effet clairement rejeté le principe de surveillance de l'Internet par les créateurs automatiques de liens à l'article 15.1 de la directive e-commerce. La CJUE (CJUE, C-70/10, 24 novembre 2011, Scarlet Extended SA c. Société belge des auteurs, compositeurs et éditeurs SCRL [SABAM], 50) a cependant retenu que le principe de l'absence d'obligation de surveillance est fondé sur la liberté d'information.

Ainsi, l'obligation de surveillance ne respecterait pas « l'exigence que soit assuré un juste équilibre entre, d'une part, la protection du droit de propriété intellectuelle, dont jouissent les titulaires de droits d'auteur, et, d'autre part, celle de la liberté d'entreprise dont bénéficient les opérateurs tels que les prestataires de services d'hébergement » (CJUE, SABAM c. Netlog).

Conseils pratiques

Le régime est *a priori* peu susceptible d'évolution étant donné qu'il nécessiterait une réforme de la directive e-commerce.

Cependant, la jurisprudence pourrait amener l'évolution que les auteurs attendent. Il convient par conséquent pour les prestataires de service de suivre l'évolution des nouvelles technologies et de s'adapter aux dernières innovations. Il est en effet possible que les juges finissent par retenir que le prestataire technique a une connaissance effective de la présence d'un contenu illicite.

76 La connaissance supposée de la présence d'une infraction et le régime applicable aux serveurs

La question de la connaissance supposée ne se pose traditionnellement pas en droit français car le droit d'auteur est un régime de responsabilité de plein droit où la volonté est indifférente. Néanmoins, sous l'influence de la directive e-commerce, le droit français a intégré le principe de la présomption de connaissance. Les hébergeurs – et par extension les créateurs automatiques de liens (comme Google) – engagent leur responsabilité s'il existe des « faits et circonstances » faisant apparaître le caractère illicite du contenu. La présomption de connaissance a donc bien été introduite en droit français sur le modèle américain.

1) Un refus des juges de retenir la connaissance supposée de la présence d'une infraction

Il apparaît par conséquent relativement aisé d'engager la responsabilité d'un créateur de liens dès lors qu'il existe des éléments laissant penser qu'une infraction est référencée. Or, une partie substantielle des hébergeurs et créateurs automatiques de liens ont connaissance de la présence d'infractions sur leurs réseaux. Les hébergeurs et créateurs automatiques de liens ont donc souvent conscience que certains de leurs liens mènent vers des contrefaçons.

La jurisprudence française a refusé l'application de la limitation de responsabilité, qui est prévue par la LCEN (loi pour la confiance dans l'économie numérique), aux contenus antisémites, racistes ou encore pornographiques dès lors qu'il existait des indices sur la teneur de ces contenus. Il était donc initialement possible de penser que les violations flagrantes du droit d'auteur seraient sanctionnées par les juges. Cependant, à ce jour, aucun tribunal n'a retenu cette solution en matière de droit d'auteur ou de droits voisins. La solution française se justifie aisément par la différence de nature entre le contrôle de l'existence de contenus antisémites, racistes et pornographiques qui ne nécessite pas d'analyse particulièrement fine, et le contrôle du respect du droit d'auteur qui oblige à un examen précis.

Il est dès lors quasiment impossible de qualifier un élément illicite de façon apparente et ainsi d'engager la responsabilité d'un créateur automatique de liens. La jurisprudence a donc vidé de son sens la notion de connaissance présumée.

2) Une ouverture en cas d'amélioration de la technologie

La solution pourrait être amenée à évoluer avec une éventuelle avancée technologique de l'intelligence artificielle. Cependant, les systèmes dits d'intelligence artificielle n'ont pas d'intelligence au sens strict – notion au demeurant difficile à définir – mais plutôt une grande capacité de calcul. Les algorithmes savent réagir face à des situations connues. Il n'est donc pas certain qu'un algorithme soit à moyen terme en mesure de détecter une contrefaçon ou d'autres infractions complexes à caractériser. De fait, les hébergeurs et les créateurs automatiques de liens ne devraient pas s'inquiéter pour leur responsabilité, qui n'est pas près d'être engagée pour connaissance supposée de la présence d'une contrefaçon sur leurs réseaux.

77 La procédure de notification de la présence d'un contenu illicite

Les hébergeurs ainsi que les créateurs automatiques de liens – comme Google (en pratique il s'agit des moteurs de recherche) n'engagent pas leur responsabilité pour la présence d'un contenu illicite sur leurs réseaux tant qu'ils n'ont pas une connaissance précise de leur présence.

La directive e-commerce a par conséquent prévu, dans le souci d'établir un équilibre entre les intérêts des intermédiaires techniques de l'Internet et ceux des internautes, une procédure de notification de la présence de contenus illicites.

1) Les mentions d'une notification

La loi pour la confiance dans l'économie numérique (LCEN) a transposé les dispositions de la directive en droit français. Elle n'impose pas le recours à un **écrit** pour l'envoi d'une notification, mais le terme notification renvoie traditionnellement à un écrit, car il s'agit d'un acte. La notification doit mentionner :

- l'infraction alléguée (contrefaçon, recel, etc.) ;
- une description des faits litigieux afin de permettre au destinataire de se défendre utilement ;
- l'emplacement du contenu (c'est-à-dire l'adresse URL) ;
- l'identité de l'expéditeur ;
- l'adresse physique de l'expéditeur ;
- pour les personnes physiques : leurs professions, nationalités, dates et lieux de naissance ;
- pour les personnes morales : leurs formes, leurs sièges sociaux et les organes qui les représentent.

Le droit français n'impose pas d'obligation de bonne foi dans l'envoi de la notification. Il exige uniquement que l'expéditeur argumente son affirmation en décrivant les faits litigieux et en expliquant la raison pour laquelle le contenu doit être retiré. Il doit pour cela mentionner les dispositions légales pertinentes et expliquer dans quelle mesure elles sont applicables aux faits.

L'Union européenne n'a pas harmonisé la procédure de notification et chaque État membre a donc une procédure qui lui est propre. Ce manque d'harmonisation ne semble satisfaire que les souverainistes européens qui ne prennent pas en compte les difficultés que cette situation présente pour les titulaires de droit. En effet, les internautes sont tenus de se renseigner, s'ils souhaitent émettre des notifications dans tous les États de l'Union européenne, sur les détails des procédures de chaque État membre. Il n'est pas évident que tous les internautes acceptent d'engager les dépenses nécessaires pour louer les services d'avocats dans tous les États. La souplesse dans les notifications est non seulement nécessaire pour compenser la difficulté que présente l'existence de systèmes juridiques différents, mais également parce que la résolution des litiges sur Internet requiert une vitesse peu compatible avec des procédures rigides et lentes. Il est donc possible d'envoyer la notification par courrier, télécopie ou courriel.

Afin de rendre le système de notification efficace, les prestataires de service en ligne ont l'obligation d'instaurer un mécanisme de réception des notifications. Les notifications doivent être envoyées au siège de la société ou à l'adresse de l'une de ses succursales, conformément à la théorie des gares principales. À la suite de la réception de la notification, les prestataires de service en ligne doivent collaborer en supprimant le contenu mentionné dans la notification. Les prestataires de service en ligne doivent cependant contrôler le bien-fondé de la notification. Ainsi, un jugement du tribunal de grande instance de Paris (TGI Paris, 4 avril 2013, juriscom.net) a procédé dans un premier temps à un examen du caractère manifeste de l'illicéité et, constatant que celui-ci faisait défaut, a retenu que le prestataire de service n'engageait pas sa responsabilité pour l'absence de retrait.

2) Les conditions permettant d'engager la responsabilité du prestataire technique

Le TGI a néanmoins ordonné à l'hébergeur de déréférencer le contenu. **Le prestataire technique n'engagera donc sa responsabilité que si le caractère illicite est manifeste ou s'il n'obtempère pas à la décision de justice, et non pour absence de retrait à la suite de la réception de la notification.** Or, pour savoir si le caractère illicite est manifeste, il est nécessaire de contrôler le contenu argué de contrefaçon. Le TGI de Paris introduisait ainsi l'obligation pour les prestataires techniques en ligne de contrôler le bien-fondé d'une notification. Cette solution a été confirmée l'année suivante par la cour d'appel de Paris (CA Paris, Pôle 1, ch. 2, 4 avril 2013, Rose B. c. JFG Networks).

78 Le régime applicable aux simples transports

Les serveurs mandataires copient des œuvres sur des copies dites caches afin de les présenter aux internautes. Cela est particulièrement utile pour faciliter l'accès à des données stockées à l'autre bout du monde. Ainsi, l'internaute situé à Paris ne lit qu'une copie du *New York Times* qui est elle-même stockée par un serveur mandataire en Europe.

Afin d'empêcher une paralysie du développement de l'Internet, le législateur européen a prévu une exception au droit d'auteur autorisant les simples transports de contenus. Les serveurs mandataires devront transmettre les œuvres sans modification (1) et seront tenus de mettre à jour les contenus (2). Les intérêts économiques des auteurs devront en outre être respectés (3).

1) L'absence de modification des œuvres

La directive e-commerce a précisé que les serveurs mandataires ne peuvent modifier les informations qu'ils stockent et introduit ainsi un principe de neutralité. Cela s'avère inutile en France où le droit moral protège les ayants droit contre les modifications de l'esprit de l'œuvre. Ainsi, en application du droit commun du droit d'auteur, les serveurs mandataires auraient engagé leur responsabilité s'ils avaient modifié des œuvres protégées.

Le critère de l'absence de modification de l'œuvre permet aux auteurs de ne pas subir de trahison de leurs créations et aux internautes d'accéder à la culture sans altération des œuvres. Les serveurs mandataires ne subiront pas une charge disproportionnée dans la mesure où ils stockent sous forme binaire des informations et peuvent par conséquent conserver des informations précises et complexes sans que cela requière des investissements particulièrement importants. L'équilibre entre les différents intérêts semble donc satisfaisant. Il le sera également en ce qui concerne l'exigence de la mise à jour des contenus.

2) La mise à jour des contenus

Les auteurs peuvent modifier le contenu de leurs sites afin de refléter l'évolution de leurs œuvres ou d'en tirer des bénéfices économiques. Le stockage d'œuvres anciennes aura pour conséquence de ne pas assurer aux internautes l'accès aux mêmes œuvres en fonction de leur consultation directe du site ou par l'intermédiaire d'un serveur mandataire. L'auteur et les internautes se trouveraient lésés par cette situation.

Le droit européen (article 13 de la directive 2000/31/CE) impose aux prestataires de mettre à jour les informations sur leurs serveurs selon un processus « largement reconnu et utilisé par les entreprises ». Le droit européen établit ainsi la condition de mise à jour conformément à des standards industriels qu'il s'abstient de définir.

Remarque

Si un site a adopté une politique de rafraîchissement régulier de ses pages, le prestataire de service ne peut suivre les modifications et présentera une version dépassée du site Internet. Se produit dès lors un décalage entre le contenu de la copie cache et le contenu du site Internet qui aura pour conséquence de présenter des contenus différents aux internautes. Il a néanmoins été souligné que ce décalage constituait l'un des intérêts des copies caches dans la mesure où il permet de prendre connaissance des modifications apportées au site, ce qui plaide en faveur de la reconnaissance de sa légalité. Cette possibilité offerte aux internautes pourra renforcer l'accès aux données et à la culture.

3) Les intérêts économiques des auteurs

Les auteurs disposent de deux grands moyens d'obtenir une rémunération en mettant leurs œuvres sur Internet :

- la première consiste à facturer les espaces publicitaires sur leurs sites : l'article 13.2 (d) de la directive e-commerce établit une obligation pour les serveurs mandataires d'informer les ayants droit du nombre de visites des sites Internet reproduits.
- La seconde réside dans l'instauration d'un contrôle sur l'accès aux œuvres : le serveur mandataire doit respecter les conditions d'accès à l'information.

79 Le régime applicable aux mémoires caches sur ordinateur

L'invention de l'ordinateur a profondément changé le rapport que nous avons avec la reproduction. En effet, lorsqu'un ordinateur montre à l'écran une œuvre ou une information, il en effectue une reproduction temporaire.

La mémoire dite cache permet à l'ordinateur de retrouver plus rapidement les informations qui sont stockées sur sa mémoire que s'il devait revenir systématiquement sur la page Internet. Ce système assure par conséquent une plus grande rapidité de traitement des commandes de l'utilisateur de l'ordinateur et correspond à la recherche de vitesse qui marque désormais les sociétés postmodernes. Les reproductions sont en général réalisées sans l'accord de l'ayant droit et souvent sans même que l'utilisateur le sache.

Nous sommes ainsi passés d'un monde dans lequel la reproduction était forcément un acte volontaire requérant une certaine dose d'énergie et de temps, à un nouveau paradigme dans lequel la reproduction est effectuée sans volonté de l'internaute et quasi immédiatement. Bien que le droit d'auteur français soit traditionnellement indifférent à la question de l'intentionnalité, il n'était pas possible de laisser les auteurs engager la responsabilité de tout utilisateur d'un ordinateur.

1) Le régime de droit commun

L'article 5.1 de la directive 2001/29/CE (dont les dispositions sont transposées en droit français à l'article L. 122-5 du Code de la propriété intellectuelle) énonce que les mémoires temporaires sont autorisées dans les cas suivants :

- elles constituent une partie intégrante et essentielle d'un procédé technique visant à une transmission dans un réseau entre tiers par un intermédiaire ou pour une utilisation licite d'une œuvre protégée ;
- la reproduction transitoire doit en outre être dénuée de signification économique indépendante.

L'exception introduite par l'article 5.1 de la directive 2001/29/CE a fait l'objet d'une application stricte par la CJUE (CJUE 26 avril 2017, C-527/15, Stichting Brein c. Jack Frederik Wullems). Elle est la seule obligatoire parmi la liste d'exceptions proposées par la directive et permet une application uniforme du droit de l'Union européenne sur ce point. À défaut, le développement du secteur numérique européen aurait été compromis. La Cour de justice de l'Union européenne a été saisie par la Cour Suprême du Royaume-Uni dans le cadre de l'affaire Public Relations Consultants Association c. Newspaper Licensing Agency (CJUE, 5 juin 2014, C-360/13, Public Relations Consultants Association c. Newspaper Licensing Agency) d'une question préjudicielle portant sur l'application de l'exception de l'article 5.1 aux reproductions sur mémoire cache. La CJUE a retenu que la reproduction sur mémoire cache jouit des dispositions de l'article 5.1 (relative à l'exception sur mémoire cache) dans la mesure où elle se trouve supprimée lorsque l'internaute quitte le site consulté et est remplacée automatiquement par d'autres contenus après un certain laps de temps.

2) Le régime applicable aux bases de données

Le droit européen ajoute cependant une complexité technique supplémentaire par rapport au droit américain. Il applique en effet un **régime différent aux reproductions transitoires de bases de données**. Elles sont **autorisées dès lors que l'utilisateur a le droit d'utiliser la base**. Les actes nécessaires à la consultation de la base de données sont ainsi autorisés. La logique recoupe celle adoptée pour le droit commun du droit d'auteur, car le législateur autorise la reproduction d'un objet protégé lorsque l'acte est nécessaire et non pas une simple commodité. Partant, une base de données en accès libre sur Internet pourra être reproduite par tous alors qu'une base de données en accès limité ne pourra être reproduite que par les utilisateurs légitimes. Cette différence de fondement légal ajoute de la complexité à notre droit alors que l'Internet a besoin de règles simples.

3) Le régime applicable aux hébergeurs et aux moteurs de recherche

Lorsque la directive e-commerce a été votée par le Parlement européen aucune disposition spéciale n'a été prise concernant les moteurs de recherche. Le Parlement avait décidé de renvoyer la discussion à une directive ultérieure.

Cette solution était surprenante étant donné que le législateur européen s'était largement inspiré du Digital Millenium Copyright Act (DMCA) américain prévoyant des dispositions spéciales concernant les moteurs de recherche à la section 512. La Cour de justice de l'Union européenne a donc rempli le vide laissé par le législateur.

A. L'application du régime des hébergeurs aux moteurs de recherche

En effet, sous l'impulsion de M. Poiares Maduro qui était l'avocat général dans l'arrêt Google c. Vuitton (CJUE, 23 mars 2010, Google Inc. c. Louis Vuitton, aff. C-236/08 à C-238/08), la CJUE a étendu le régime applicable aux hébergeurs aux créateurs automatiques de liens comme Google (il s'agit d'hébergeurs). Or, M. Maduro a une connaissance assez précise du droit américain car il a été *visiting scholar* (chercheur invité) à l'université de Harvard. Il est donc fort probable qu'il se soit inspiré de la similitude américaine entre les deux régimes pour proposer une analogie pour l'Union européenne. Or, aux États-Unis, le régime des créateurs automatiques de liens est similaire à celui des hébergeurs. La CJUE a par conséquent repris cette idée américaine et a étendu le régime des hébergeurs aux créateurs automatiques de liens.

L'article 14 de la directive e-commerce se place dans le sillage de la règle américaine en écartant la responsabilité des hébergeurs lorsqu'ils n'ont de connaissance effective ni de « l'activité ou de l'information illicites », ni de « faits ou de circonstances selon lesquels l'activité ou l'information illicite est apparente ». La notion de connaissance n'est cependant pas définie ni par la directive, ni par la loi pour la confiance dans l'économie numérique qui la transpose.

B. La responsabilité sous condition de connaissance effective

Le Conseil constitutionnel a précisé dans sa décision n 2004-496 le critère de la connaissance. Le Conseil a ajouté au critère de la connaissance effective – qui s'avère *a priori* subjective comme aux États-Unis – une dimension objective en retenant que l'élément litigieux doit être manifestement illicite. Le Conseil constitutionnel n'a cependant pas précisé les contours de la notion de connaissance subjective.

La Cour d'appel de Paris (CA Paris, 11e ch. 8 novembre 2006, Comité de défense de la cause arménienne c. S. Aydin et autre, n° 05/05619) a appliqué ce raisonnement pour refuser le caractère manifestement illicite d'un contenu niant le génocide arménien. Or, étant donné qu'il est bien plus facile de déterminer qu'un contenu nie le génocide arménien que de savoir s'il est contrefaisant, il n'est pas évident que la jurisprudence retiendra la connaissance par un créateur automatique de liens du caractère manifestement illicite d'une contrefaçon. La connaissance effective de l'illicéité du contenu ne sera généralement acquise par le prestataire technique que lorsqu'un juge se sera prononcé ou à la suite de la réception d'une notification. De plus, le second critère relatif à la connaissance objective permet de renforcer la sécurité des créateurs automatiques de liens étant donné qu'il se cumule avec celui de la responsabilité subjective. Le droit français connaît donc un régime juridique *a priori* plus protecteur des créateurs automatiques de liens que le droit américain.

Il existe néanmoins une divergence entre d'un côté les droits américain et européen et de l'autre le droit français. En effet, alors que le DMCA et la directive e-commerce s'intéressent à l'activité ou à l'information illicite, la LCEN dispose que le prestataire de service doit avoir connaissance du caractère illicite du contenu. Les réglementations américaine et européenne apparaissent dès lors plus large que la notion adoptée par la LCEN française.

La réglementation du métavers

80

Le terme métavers est issu de la science-fiction. Il s'agit d'un univers virtuel dans lequel nous pouvons entrer en relation avec d'autres personnes comme dans la vie réelle.

Le métavers peut être défini comme un univers interconnecté, décentralisé dans lequel des individus se plongent. Il est la contraction du terme « méta » et « *universe* » (univers en anglais). Il s'agit donc d'un univers qui va au-delà de celui que nous connaissons. Le métavers permet d'interagir avec les différents participants.

1) Les conditions de fonctionnement du métavers

Le métavers constitue une plateforme sur laquelle sera applicable une loi et pour laquelle un juge compétent pourra être saisi (nous renvoyons au premier chapitre du présent ouvrage à ce sujet), ainsi que des règles spéciales qui pourront être fixées dans les conditions générales d'utilisation ou de vente. Il sera à ce titre utile de rédiger des conditions générales afin qu'elles puissent s'appliquer à des consommateurs et en conséquence prévoir leur accessibilité et leur clarté, ainsi que le respect des différentes règles applicables (et notamment le délai applicable légal de rétractation).

Il sera également nécessaire de veiller au respect des données personnelles des utilisateurs et à ce titre les informer et recueillir leur consentement pour le traitement de ces dernières. Seules les données strictement nécessaires devront être collectées et elles ne seront conservées que pendant la durée de l'exécution du contrat augmentée des délais de prescription utiles.

L'exploitant d'un métavers devra s'assurer avoir obtenu les droits d'auteur sur le code ainsi que sur les graphismes et éventuellement la musique (pour les droits musicaux, il sera nécessaire de contracter directement avec la SACEM) afin de ne pas violer les droits d'auteur des ayants droit et ne pas s'exposer aux sanctions civiles et pénales applicables. À ce titre, il sera nécessaire de préciser dans le contrat de cession les droits cédés (droits de reproduction et de représentation), la durée de cession, le territoire de la cession ainsi que le contexte d'utilisation des œuvres.

Il sera également nécessaire d'obtenir les droits d'auteur sur l'éventuel logo ou sur la marque verbale originale et éventuellement de déposer cette marque pour les territoires concernés (les territoires peuvent être particulièrement nombreux dès lors que le métavers sera accessible dans le monde entier).

2) Les règles applicables au sein du métavers

Les intervenants au sein du métavers seront soumis à une multitude de règles comme dans le monde réel.

Parmi les exemples ayant fait le plus couler d'encre, nous évoquerons notamment la question de l'**achat de biens immobiliers** (et mobiliers) dans le métavers. Certains internautes ont en effet jugé utile d'acheter leur maison numérique dans le métavers. S'il est évident que le droit des contrats sera applicable, il n'apparaît pas pertinent d'appliquer les règles spécifiques applicables aux ventes immobilières. En effet, l'internaute n'achète pas un bien immobilier mais bien un bien mobilier virtuel dont l'individualisation peut être effectuée par un NFT (pour plus de détails voir la fiche 97). Il en résulte que les règles relatives à la transmission du plan d'urbanisme, au diagnostic, ainsi qu'aux risques technologique et naturel ne seront pas applicables à cette vente. Il ne nous semble pas non plus utile de conclure la vente devant un notaire. Il s'agira donc d'un contrat de cession ou de licence de droit d'auteur devant respecter le formalisme prévu par le Code de la propriété intellectuelle et incluant à titre probatoire de l'authenticité de l'unicité du bien le recours à un NFT inscrit dans une *blockchain*. Il pourrait être utile d'apporter une modification régulière afin d'assurer la création de nouvelles œuvres et d'éviter que l'œuvre tombe dans le domaine public, ce qui entraînerait la résiliation du contrat. Il s'agirait là du même schéma que celui qu'utilise la société Disney, notamment sur son personnage Mickey, qui le change régulièrement afin de s'assurer de disposer des droits et de ne pas être confronté à la fin des droits d'auteur 70 ans après le décès de l'auteur. Il s'ensuit que d'un point de vue fiscal, la plus-value effectuée lors de la revente de la « maison dans le métavers » ne constitue pas une plus-value immobilière qui ne sera pas fiscalisée. À ce titre, il nous semble en revanche que la plus-value pourra être fiscalisée au titre de l'impôt sur le revenu et éventuellement utilement déclarée comme revenu de droit d'auteur.

En matière d'application du **droit pénal**, il sera parfaitement envisageable d'accepter la notion de vol au sein du métavers. La preuve du **vol** au sein du métavers serait d'autant plus simple à apporter si la chose volée est sécurisée par un NFT.

Un fait d'**agression sexuelle** dans le métavers a également fait couler beaucoup d'encre. En droit français, l'agression sexuelle implique un contact physique entre la victime et l'auteur des faits si l'auteur n'a pas obtenu le consentement clair et explicite de la victime. Si l'intentionnalité (qui constitue un des critères dans l'infraction pénale) pourrait être relevée, il n'est pas certain que la matérialité puisse être retenue, de sorte que la notion d'agression sexuelle – voire de viol – sur un avatar ne serait *a priori* pas retenue en l'état actuel du droit français. Il n'en reste pas moins que des comportements qui pourraient être assimilés à une agression sexuelle, voire à un viol, dans le monde réel pourraient être qualifiés de harcèlement lorsqu'ils sont commis dans le métavers. Cela nécessiterait un caractère répété de ces actes. Une solution immédiate pour les plateformes de métavers pourrait consister à interdire ce type de comportement dans les conditions générales sous peine d'exclusion.

L'absence d'obligation générale de surveillance

81

L'obligation de surveillance ne peut logiquement être imposée qu'à une personne, ou à une chose dont un agent a la garde. Or, même si la jurisprudence française a pu se montrer accueillante dans l'appréciation de la garde, elle n'est pas allée jusqu'à imposer une obligation de surveillance d'autrui. Ce principe s'est étendu aux prestataires de services sur Internet ainsi qu'aux internautes (1) et a pour corollaire l'absence de responsabilité pour autrui (2).

1) L'absence de surveillance

La directive e-commerce n'a pas introduit d'obligation de surveillance pesant sur les prestataires de service. Elle les a en revanche cantonnés à des rôles de prestataires de service aveugles ayant tout intérêt à ne pas contrôler les activités des internautes.

Cette approche est corroborée par la solution en vigueur en Allemagne (dont le droit est similaire au droit français en ce qu'il est la transposition de la directive e-commerce). La jurisprudence allemande a en effet eu l'occasion de se prononcer sur cette question dans une affaire concernant la responsabilité pour le changement d'un contenu postérieur à l'établissement d'un lien. Dans l'arrêt Radikal, le parquet allemand, qui considérait que la création du lien était assimilée à un acte de distribution de textes illicites, poursuivait Mme Marquardt pour avoir établi un lien vers un site d'écoterrorisme contenant un article interdit. L'action publique n'a pas abouti parce que la prévenue avait installé le lien avant que ne paraisse l'article incriminé. Le tribunal a retenu que l'on ne pouvait condamner la prévenue pour son absence de contrôle périodique du contenu du site lié. La solution inverse aurait abouti à mettre à charge de celui qui place le lien une obligation de surveillance très lourde, sans régler la question de la périodicité des contrôles. Bien que cette affaire ne concerne pas le droit d'auteur, elle est riche d'enseignement dans la mesure où le raisonnement est tout à fait applicable au domaine de la propriété littéraire et artistique. En effet, le créateur de lien n'engage pas sa responsabilité pour les modifications qui peuvent être apportées postérieurement à la création d'un lien, et ce, même si le contenu concerne des activités terroristes. *A fortiori* le créateur de lien n'aura pas d'obligation de surveillance des contenus liés afin de s'assurer qu'ils ne violent pas le droit d'auteur, car il n'y a pas lieu de penser que les droits européen et américain placent une obligation de surveillance du respect du droit d'auteur là où il n'existe aucune mesure en matière de lutte contre le terrorisme. Le raisonnement est transposable en droit français.

2) L'absence de responsabilité pour autrui

Sur l'Internet une page ne serait, en moyenne, jamais à plus de 19 clics d'une autre page. Le risque serait donc grand pour l'internaute d'engager sa responsabilité si un lien du site vers lequel il pointe vise un contenu illicite présent sur un site tiers.

Les juges français ne se sont pas prononcés sur la question de la responsabilité du créateur de lien pour les liens créés par autrui. Cependant, étant donné que le principe de la responsabilité pour autrui doit être entendu de la façon la plus restrictive dans un souci d'égalité entre les citoyens, il n'y a pas lieu de penser que les juges étendraient l'obligation de surveillance aux sites liés par le site cible. En outre, l'arrêt GS Media BV c. Sanoma de la Cour de justice de l'Union européenne adopte une conception restrictive de l'obligation de surveillance. Il n'y a donc pas lieu de penser que les juges emprunteront le chemin inverse et augmenteront l'obligation de surveillance pesant sur les créateurs de liens. L'obligation de contrôle est limitée à la page liée et ne s'étend pas aux sites liés par le site cible.

Cette solution est heureuse dans la mesure où elle assure une sécurité juridique satisfaisante pour les créateurs de liens qui n'ont l'obligation de contrôler que les contenus présents sur la page liée et non les liens qui s'y trouvent. À défaut, les internautes auraient probablement diminué la création de liens.

PARTIE X

Le droit des données personnelles et le règlement général sur la protection des données (RGPD)

82 Définition de la donnée personnelle et de la donnée personnelle sensible

Une personne physique peut être identifiée grâce à ses données :
– **directement** : elle est identifiée par son nom, son prénom, son adresse, etc. ;
– **indirectement** : elle est identifiée notamment par son numéro de téléphone, sa plaque d'immatriculation, son adresse postale ou courriel (à moins que l'adresse e-mail ne contienne pas les noms et prénoms), le numéro de sa carte de crédit, etc.

1) Le régime de droit commun de la donnée personnelle

Une donnée personnelle est constituée par toute information portant sur une personne physique identifiée ou identifiable. Une personne physique est une personne humaine née vivante et viable (ce qui lui permet d'acquérir la personnalité juridique et par conséquent de disposer de droits et de devoirs).

L'identification d'une personne est parfois effectuée grâce à une donnée unique comme le nom ou parfois par le croisement de données (numéro de téléphone, numéro de carte de crédit, carte de transport magnétique, etc.).

En revanche, ne constitue pas une donnée personnelle une donnée concernant une personne morale. Est une personne morale une société, une association, une administration, etc.

2) Les données personnelles sensibles

Constitue une donnée personnelle sensible (article 9 du RGPD) une information révélant :

– les origines raciales ou ethniques ;

– les opinions politiques ;

– les convictions religieuses, philosophiques ou l'appartenance syndicale ;

– les données génétiques ;

– les données biométriques aux fins d'identifier une personne physique de manière unique ;

– les données de santé ou concernant la vie sexuelle ou encore l'orientation sexuelle.

Ces données sont qualifiées de sensibles et ne peuvent être collectées, sauf dans les cas suivants :

– la personne concernée a donné son consentement exprès ;

– les informations sont manifestement rendues publiques par la personne concernée ;

– les données sont nécessaires à la sauvegarde de la vie humaine ;

– l'utilisation des données est justifiée par l'intérêt public et autorisée par la CNIL ;
– les données concernent les membres ou adhérents d'une association ou d'une organisation politique, religieuse, philosophique, politique ou syndicale.

Les **informations concernant les infractions ou condamnations** ne sont pas qualifiées de données sensibles. Néanmoins, elles bénéficient d'une protection spécifique. À ce titre, seules les juridictions et certaines autorités publiques peuvent les utiliser, tout comme la personne victime dans le cadre de la défense de ses intérêts.

83 Les grands principes du droit des données

Le RGPD introduit un équilibre entre la nécessaire gestion des données par les administrations et les entreprises et la protection de la vie privée des personnes concernées. La réglementation en matière de données personnelles suit par conséquent plusieurs principes visant à faire respecter cet équilibre.

1) La légitimité

Un traitement ne peut reposer que sur le consentement, la nécessité contractuelle, une obligation légale, la sauvegarde de la vie humaine, un intérêt public, un intérêt légitime du responsable de traitement.

2) La transparence

Elle porte sur les finalités et l'identité du responsable de traitement ainsi que sur toute autre information nécessaire pour assurer une collecte loyale des données.

3) La proportionnalité

Les données doivent être adéquates, pertinentes, limitées, et elles doivent être nécessaires eu égard à la finalité.

4) Le respect de la finalité

La finalité doit être explicite, légitime, déterminée – sont présumés compatibles les traitements ultérieurs à des fins archivistiques dans l'intérêt du public, à des fins de recherche scientifique ou historique ou à des fins statistiques.

5) La sécurité

Il s'agit de l'obligation d'adopter les mesures techniques et organisationnelles adaptées compte tenu du risque encouru et de la nature des données personnelles.

6) La responsabilité/*accountability*

Cela oblige le responsable du traitement à mettre en place une démarche de conformité englobant une composante éthique.

7) La nomination obligatoire d'un délégué à la protection des données

Cette obligation est limitée aux autorités publiques, aux activités exigeant un suivi régulier et systématique ainsi qu'aux activités consistant en un traitement à grande échelle de données sensibles.

L'élargissement du contentieux aux sous-traitants des données

84

Les données sont de plus en plus sous-traitées à des organismes qui se trouvent, en pratique, à traiter les données au même titre que les responsables de données. Le responsable de traitement aura intérêt à organiser ses relations contractuelles avec le sous-traitant afin de préciser les obligations organisationnelles et techniques qu'il compte mettre en place. Le contrat permettra également de distinguer les hypothèses où un intervenant est responsable de traitement de celles où il est sous-traitant.

1) La définition du sous-traitant

La directive 95/46/CE du 24 octobre 1995 a prévu que « toute personne agissant sous l'autorité du responsable du traitement ou celle du sous-traitant, ainsi que le sous-traitant lui-même, qui accède à des données à caractère personnel ne peut les traiter que sur instruction du responsable du traitement, sauf en vertu d'obligations légales ». Le RGPD a renforcé les obligations des sous-traitants définis comme toute structure « traitant des données personnelles pour le compte, sur instruction et sous l'autorité d'un responsable de traitement ».

Il ne s'agit cependant pas d'un modèle permettant au responsable de traitement de s'exonérer de sa responsabilité. En effet, le Conseil d'État a retenu que « la circonstance que des opérations de traitement de données soient confiées à des sous-traitants ne décharge pas le responsable de traitement de la responsabilité qui lui incombe de préserver la sécurité des données » (Conseil d'État, 11 mars 2015, n° 36748, Société Total Raffinage Marketing).

En conséquence, dès lors qu'une entreprise traite des données pour le compte d'un tiers – appelée responsable de traitement – elle est qualifiée de sous-traitant. Il en va ainsi notamment des entreprises de communication, des services de ressources humaines, des services marketing, des organismes publics, etc.

2) Le régime de responsabilité des sous-traitants

Le responsable de traitement engage sa responsabilité en cas de violation de la réglementation des données personnelles. Cependant, la personne concernée par la violation pourra également engager la responsabilité du sous-traitant dès lors que celui-ci viole l'une des obligations suivantes :

– **obligation de traçabilité et de transparence :** les sous-traitants doivent avoir procédé à leur mise en conformité au RGPD, ce qui implique notamment d'avoir mis en place les mesures organisationnelles et techniques à même d'assurer une protection des données personnelles ;

- **nécessité de prise en compte des grands principes de la protection des données** ;
- **obligation d'assurer et garantir la sécurité des données personnelles traitées** : le sous-traitant doit être en mesure d'assurer au responsable du traitement des données que lesdites données sont en sécurité et que leur traitement et leur conservation s'effectuent en conformité avec les principes applicables. L'ensemble des intervenants – et notamment les salariés – sont soumis à une obligation de confidentialité. Au terme de son intervention, le sous-traitant est tenu de remettre les données ou bien de les supprimer (à moins qu'il ne soit tenu de les conserver pour des raisons légales et notamment comptables, fiscales ou de lutte contre le blanchiment ou le terrorisme) ;
- **obligation d'alerte, d'assistance et de conseil** : le sous-traitant doit être en mesure d'accompagner le responsable de traitement et de le conseiller sur les bons usages à adopter. Il a l'obligation de conseiller le responsable de traitement des mesures appropriées aux opérations relatives à des données envisagées. Il doit avertir le responsable de traitement dès lors qu'une éventuelle violation des données a été commise (et notamment un vol de données). Le sous-traitant doit enfin prendre des mesures afin de répondre aux enquêtes des personnes concernées par le traitement des données et souhaitant exercer leurs droits d'accès, de modification, de portabilité ou de suppression.

Le fondement de la collecte de données

85

Le traitement des données personnelles est l'exception, c'est-à-dire qu'il doit être légalement justifié. Le RGPD a introduit plusieurs bases légales autorisant les responsables de traitement ainsi que leurs sous-traitants à traiter les données.

1) Le consentement

Le consentement est une expression de volonté qui doit être :

- *libre* : le consentement ne doit être ni contraint ni influencé ;
- *spécifique* : le consentement ne doit correspondre qu'à un seul traitement et pour une finalité déterminée ;
- *éclairé* : le consentement doit être accompagné d'un certain nombre d'informations dont l'identité du responsable du traitement, les finalités poursuivies, les catégories de données collectées, l'existence d'un droit de retrait du consentement, éventuellement le fait que les données seront utilisées dans le cadre de décisions individuelles automatisées ou qu'elles feront l'objet d'un transfert vers un pays de l'Union européenne ;
- *univoque* : le consentement doit être exprimé sans ambiguïté *via* une déclaration. Cela interdit notamment les cases pré-cochées, les consentements dits groupés, l'acceptation tacite.

Cela implique que les personnes concernées comprennent le traitement qui sera fait de leurs données, qu'elles puissent choisir d'accepter ou non ce traitement et qu'elles puissent changer d'avis librement.

Le consentement doit résulter d'une déclaration ou d'un acte positif clair. Tout changement important de mise en œuvre du traitement (notamment les finalités, les durées de conservation, etc.) peut avoir une influence sur le consentement. Il sera alors nécessaire de soumettre le consentement de la personne concernée à une nouvelle évaluation.

Le responsable de traitement doit se ménager des preuves de l'expression du consentement par les personnes concernées. La documentation ainsi constituée doit apporter la preuve qu'ont été mis en place des mécanismes permettant de ne pas contraindre le recueil du consentement, que les différentes modalités de traitement sont présentées de façon claire et séparée, que les personnes sont bien informées.

Le consentement d'un mineur constitue une base légale uniquement si le mineur est âgé d'au moins 15 ans. S'il a moins de 15 ans, le traitement n'est licite que si le consentement est donné par son responsable légal.

2) Le contrat

Cette base légale est soumise à trois conditions :

- la personne concernée et le responsable de traitement doivent être engagés dans une relation contractuelle ou s'il y a une éventualité qu'un contrat soit conclu ;
- le contrat doit être valide ;
- le traitement doit être nécessaire à l'exécution du contrat.

3) L'obligation légale

Elle doit être impérative (en droit français ou européen), suffisamment claire et précise afin de fonder valablement le traitement ; les finalités du traitement doivent être mentionnées et l'obligation doit s'imposer au responsable du traitement. Le traitement doit en outre être strictement nécessaire.

4) La sauvegarde des intérêts vitaux

Cette base légale se limite à des questions de vie ou de mort ou des menaces comportant un risque de blessure ou une atteinte à la santé de la personne concernée.

5) L'intérêt public

Cette base légale vise les autorités publiques afin qu'elles puissent fonder les traitements de données personnelles mis en œuvre, mais elle peut également viser des organismes privés poursuivant une mission d'intérêt public ou dotés de prérogatives de puissance publique. La mission d'intérêt public ne peut être retenue que si le traitement satisfait à la condition de nécessité. L'intérêt public doit être défini par le droit européen ou le droit national.

6) Les intérêts légitimes

Le responsable de traitement – ou le sous-traitant – doit opérer une pondération entre son intérêt et les intérêts ou libertés et droits fondamentaux des personnes. Il doit également intégrer les attentes raisonnables des personnes concernées par le traitement de données. Le traitement des données doit enfin être strictement nécessaire. Lorsque le responsable de traitement se fonde sur cette base légale, la CNIL recommande que soit établie une documentation pouvant lui servir en cas de contrôle de la licéité du traitement.

Les libertés des personnes concernées

86

Les libertés fondamentales sont protégées non seulement par la Déclaration des droits de l'homme et du citoyen de 1798, mais également par la Convention européenne de sauvegarde des droits de l'homme, communément appelée Convention européenne des droits de l'homme (CEDH), ainsi que par la Charte des droits fondamentaux de l'Union européenne. La CEDH ainsi que la Charte des droits fondamentaux protègent la vie privée et, partant, les personnes concernées contre l'usage de leurs données personnelles.

Le RGPD ainsi que la loi de transposition française devaient par conséquent respecter ces libertés fondamentales. Les législateurs européen et français ont établi un équilibre fondé sur plusieurs droits de la personne concernée par l'utilisation des données.

1) La rectification

Les personnes peuvent demander que les données inexactes ou incomplètes soient rectifiées ou complétées (notamment l'âge, l'adresse, etc.). Le responsable du traitement doit communiquer aux sous-traitants les rectifications à apporter. La personne concernée devra identifier l'organe à contacter et indiquer par tout moyen (courrier, courriel) qu'elle souhaite rectifier les données. Le responsable de traitement ne peut demander de pièce abusive, non pertinente ou disproportionnée par rapport à la demande. La personne concernée devrait se constituer des preuves de la démarche avant une éventuelle saisine de la CNIL. Le responsable de traitement doit répondre dans un délai d'un mois (et pendant ce délai la personne concernée peut demander le gel de l'usage de ses données). La personne concernée ne pourra demander l'exercice de son droit à rectification lorsque ses données sont utilisées dans un cadre littéraire, artistique ou journalistique.

2) La limitation

Il est possible de recourir à ce droit comme alternative à une demande de suppression, lorsque le fondement du traitement a disparu ou n'a jamais existé. La CNIL a ainsi sanctionné une société d'assurance mutuelle qui avait conservé les données de prospects avec lesquels elle n'avait pas eu de contact depuis plus de trois ans (CNIL, 20 juillet 2021, délib. n° SAN-2021-010, AG2R La Mondiale). Des délais plus longs peuvent s'appliquer en fonction des délais de prescription.

3) L'opposition

Le droit d'opposition général est maintenu sans distinction selon le fondement du traitement, les personnes concernées peuvent s'opposer de façon discrétionnaire à tout traitement pour des finalités de prospection.

En dehors des finalités de prospection, le responsable de traitement peut refuser l'opposition dans les cas suivants :

- il existe des motifs légitimes et impérieux à traiter les données ;
- si les données sont nécessaires à la constatation, à l'exercice ou à la défense des droits en justice ;
- un contrat lie la personne concernée au responsable de traitement ;
- une obligation légale impose le traitement des données ;
- le traitement est nécessaire à la sauvegarde des intérêts vitaux de la personne concernée ou d'un tiers.

4) L'effacement

La personne concernée peut demander l'effacement des données la concernant si elle les juge inutiles. La demande pourra être accordée dans les cas suivants :

- les données sont utilisées à des fins de prospection ;
- les données ne sont pas ou plus nécessaires ;
- le consentement est retiré ;
- les données font l'objet d'un traitement illicite ;
- les données ont été collectées alors que la personne concernée était mineure ;
- l'effacement est une obligation légale ;
- la personne concernée s'est opposée au traitement des données et le responsable de traitement n'a pas de motif légitime ou impérieux de ne pas donner suite.

Le responsable du traitement doit donner suite à une demande dans les meilleurs délais.

Les exceptions au traitement des données personnelles

87

Plusieurs exceptions au RGPD permettent de traiter des données personnelles, et ce notamment en matière de vidéosurveillance :

1) La vidéosurveillance au travail

Un employeur ne peut placer une vidéosurveillance sans définir un objectif légal et légitime (notamment la sécurité des personnes et des biens). Les caméras peuvent être installées aux entrées et sorties de bâtiments, des issues de secours et des voies de circulation. Il est interdit de filmer les salariés sur leur poste de travail (sauf notamment lorsque le salarié manipule de l'argent, mais la caméra doit filmer la caisse et non se focaliser sur le salarié). Les zones de pause ne peuvent faire l'objet d'une vidéosurveillance. Il est interdit de filmer les locaux syndicaux ou des représentants du personnel.

Seules les personnes habilitées par l'employeur peuvent visionner les images, à condition qu'elles soient formées aux règles de mise en œuvre d'un système de vidéosurveillance. En principe, la durée de conservation n'excède pas un mois. Les salariés ainsi que les visiteurs doivent être informés grâce à des panneaux visibles de l'existence de la vidéosurveillance et de ses finalités, de la durée de conservation, du nom ou de la qualité ainsi que du numéro du responsable, du contenu de leurs droits ainsi que de la possibilité d'effectuer une réclamation auprès de la CNIL.

2) Dans les commerces

La vidéosurveillance dans les commerces ne peut porter atteinte à la vie privée des clients. Elle ne peut avoir pour objet de s'assurer que les salariés effectuent correctement leurs tâches. La vidéosurveillance pourra cependant être utilisée afin de prouver un vol par un salarié. L'accès aux images est limité aux seuls responsables de la sécurité. Les clients doivent être informés de l'existence d'un système de vidéosurveillance.

3) Sur la voie publique

Le Code de la sécurité intérieure dispose que l'installation d'un système de vidéosurveillance nécessite une autorisation préfectorale (l'autorisation est donnée pour cinq ans renouvelables). Le préfet peut également demander à une mairie d'installer un système de vidéosurveillance afin de prévenir les actes de terrorisme et pour protéger les abords d'établissements vitaux pour le pays (centrales nucléaires, gares...). Une analyse d'impact devra être réalisée.

L'article L. 251-2 du Code de la sécurité intérieure dispose que des systèmes de vidéosurveillance peuvent être installés sur la voie publique en des zones exposées à des risques d'agression, de vol ou de trafic de stupéfiants voire des actes de terrorisme. De façon moins spectaculaire, la vidéosurveillance peut permettre de constater des infractions aux règles de la circulation, de réguler les flux de transport, de protéger les bâtiments, etc.

Seules les autorités publiques ont le droit de filmer l'espace public. Les entreprises ne peuvent filmer que les abords immédiats de leurs bâtiments. Les particuliers ne peuvent filmer que l'intérieur de leur propriété. Seules des personnes spécifiquement et individuellement habilitées peuvent visionner les images des appareils de vidéosurveillance. La durée de conservation des images ne doit pas être disproportionnée par rapport à l'objectif fixé. Les personnes doivent être informées qu'elles sont filmées.

4) À la maison

Les particuliers ne peuvent filmer que l'intérieur de leur propriété. Un particulier ne peut filmer la voie publique (même s'il ne souhaite qu'assurer la sécurité de son véhicule).

Les images de la propriété peuvent être visualisées par toute personne autorisée par le propriétaire. La vie privée de la famille, des amis et des invités doit être respectée.

Un employé à domicile ne devra pas être filmé en permanence.

La procédure devant la CNIL

88

1) Le rôle de la CNIL

Les personnes concernées par une violation de leurs données personnelles peuvent saisir la CNIL sur papier libre. La CNIL peut être saisie sur le site Internet cnil.fr.

La CNIL a des pouvoirs d'enquête sur le territoire français – et peut à ce titre effectuer des contrôles en ligne ou sur site, voire sur pièces – et le secret professionnel ne lui est plus opposable. Le président de la CNIL désignera un rapporteur et la formation restreinte (c'est-à-dire composée de cinq membres et d'un président) est saisie.

Le responsable de traitement est dûment informé de la réclamation, à moins que la CNIL n'ait clôturé le dossier.

2) Le rôle du rapporteur

Le rapporteur propose des mesures à l'encontre du responsable de traitement qui lui sont notifiées :

1. de satisfaire aux demandes présentées par la personne concernée en vue d'exercer ses droits ;
2. de mettre les opérations de traitement en conformité avec les dispositions applicables ;
3. à l'exception des traitements qui intéressent la sûreté de l'État ou la défense, de communiquer à la personne concernée une violation de données à caractère personnel ;
4. de rectifier ou d'effacer des données à caractère personnel, ou de limiter le traitement de ces données.

Le responsable de traitement pourra, directement ou par l'intermédiaire de son avocat, présenter des observations écrites dans le délai d'un mois. Le rapporteur aura un délai de quinze jours pour répondre.

3) La formation restreinte de la CNIL

La formation restreinte se réunit et peut :

- ne prononcer aucune sanction ;
- effectuer un rappel à l'ordre ;
- prononcer une injonction de mettre en conformité le traitement ;
- prononcer une limitation temporaire ou définitive du traitement, son interdiction ou le retrait d'une autorisation ;
- prononcer le retrait d'une certification ;

– prononcer la suspension des flux de données adressées à un destinataire situé dans un pays tiers ou à une organisation internationale ;
– prononcer une suspension partielle ou totale de la décision d'approbation des règles d'entreprise contraignantes ;
– prononcer une amende d'un montant maximum de 4 % du chiffre d'affaires mondial ou 20 millions d'euros.

La CNIL peut également prononcer des astreintes qui pourront s'élever à 100 000 euros par jour de retard à compter de la date fixée par la formation restreinte. La décision peut être rendue publique.

Le responsable de traitement dispose d'un délai de deux mois pour saisir le Conseil d'État.

Les amendes de la CNIL sont recouvrées par le Trésor public.

Le transfert de données à l'étranger

89

Les responsables de traitement transfèrent régulièrement des données en dehors des frontières françaises. Le RGPD est venu encadrer les transferts hors des frontières.

Les transferts de données au sein de l'Union européenne ne posent *a priori* pas de difficulté étant donné que les États membres sont soumis au RGPD. Les transferts au sein des États membres de l'espace économique européen sont également possibles.

La difficulté se pose pour les transferts en dehors de l'Union européenne. Ils sont soumis à la condition que l'État vers lequel les données sont transférées assure un niveau équivalent de protection des données. Il s'agit du principe de l'équivalence de protection. L'État tiers sera considéré comme assurant une protection équivalente s'il assure l'existence de droits effectifs et opposables, y compris un droit de recours administratif et judiciaire effectif des personnes concernées.

Le responsable de traitement souhaitant transférer des données à l'étranger peut recourir à différentes méthodes.

1) La décision d'adéquation de la Commission européenne

Elle est prise sur la base d'un examen global de la législation en vigueur dans un État (le Japon est considéré comme un État à protection adéquate), sur un territoire ou à un secteur déterminé au sein d'un État (les États-Unis ainsi que le Canada sont en adéquation partielle).

2) En cas d'absence de décision d'adéquation

Le transfert des données à l'étranger sera autorisé dans les cas suivants :

- réunion des garanties appropriées constituées de décisions des autorités de contrôle et qui sont prises à la lumière des engagements des organismes concernés ;
- respect des clauses contractuelles types de la Commission européenne ;
- respect des règles internes d'entreprises contraignantes : elles désignent une politique de protection des données intragroupe en matière de transferts de données en dehors de l'Union européenne. Cela nécessite la mise en place d'une politique globale de gouvernance. Les entreprises concernées sont avant tout des multinationales. Le respect de ces règles permet une reconnaissance dans la zone Asie-Pacifique (APEC) ainsi qu'aux États-Unis où s'applique le *privacy shield* ;
- recours à des clauses contractuelles spécifiques ;

– pour des situations particulières, en l'absence de garanties appropriées dans un État tiers, le transfert peut par exception être effectué dans certains cas :

· la personne concernée a donné son consentement explicite au transfert après avoir été dûment informée des risques ;

· le transfert est nécessaire à l'exécution du contrat ;

· le transfert est nécessaire à la conclusion ou à l'exécution d'un contrat conclu dans l'intérêt de la personne concernée ;

· le transfert est nécessaire pour des motifs importants d'intérêt public ;

· le transfert est nécessaire à la constatation, à l'exercice ou à la défense de droits en justice ;

· le transfert est nécessaire à la sauvegarde des intérêts vitaux de la personne concernée ;

· le transfert a lieu au départ d'un registre qui est légalement destiné à fournir des informations au public et est ouvert à la consultation du public ou de toute personne justifiant d'un intérêt légitime.

La procédure de mise en conformité au RGPD

90

La mise en conformité au RGPD est un processus complexe nécessitant l'intervention à tout le moins d'un informaticien ainsi que d'un avocat. En effet, il s'agit d'assurer une sécurité informatique adéquate ainsi qu'une organisation des données permettant de limiter les données traitées.

1) Phase 1 : mise en place de la conformité au RGPD

La première phase marque désignation d'un pilote : cette étape consiste à nommer un délégué à la protection des données.

2) Phase 2 : organisation de la mise en conformité au RGPD

- **Cartographie des traitements de données personnelles** : il s'agit d'élaborer un registre des traitements permettant de faire le point sur les catégories de données personnelles (notamment pour les données sensibles), les objectifs poursuivis, les acteurs, les flux ;
- **Établissement des priorités** : en fonction de la sensibilité des données – qui aura été établie lors de la cartographie – les actions à mener seront prioritisées ; des mesures seront proposées afin de procéder à l'effacement des données qui ne seraient pas strictement nécessaires ; les mentions d'information des personnes concernées seront revues et si besoin des propositions de modifications seront faites ; enfin des modalités d'exercice des droits d'accès, de rectification et de retrait notamment seront proposées.

3) Phase 3 : la protection du responsable de traitement face au risque

Gestion des risques : pour les données personnelles susceptibles d'engendrer des risques élevés, une étude d'impact relative à la protection des données sera menée. Seront ainsi effectuées une description du traitement et de ses finalités, une évaluation de la nécessité et de la proportionnalité du traitement, une évaluation des risques pour les droits fondamentaux. À retenir : bien que la protection informatique et l'amélioration du traitement des données en interne permettent de limiter les risques, il convient de se préparer à toute éventualité. Les données présentant les risques les plus élevés (données concernant notamment la religion, l'adhésion syndicale, etc.) feront l'objet d'un traitement particulier.

4) Phase 4 : amélioration de l'organisation interne et préparation à un contrôle par la CNIL

- **Organisation des processus internes** : des processus internes seront proposés afin de pallier les risques de faille de sécurité informatique de la création à la destruction de la donnée, et ce afin de faire face aux demandes de modifications des données (droit de rectification, droit d'opposition, etc.).
- **Documentation de la conformité** : le responsable de traitement a la charge de la preuve de la conformité au RGPD ; cela signifie qu'il doit constituer la documentation afin de faire face à un éventuel contrôle par la CNIL. Cette étape est marquée par la création de deux registres des traitements permettant de recenser les traitements de données et de disposer d'une vue d'ensemble sur le traitement des données (les registres informent notamment sur les catégories de données, le temps de conservation, la sécurisation).

PARTIE XI

Les monnaies numériques et l'intelligence artificielle

91 Le régime de la cryptologie

La cryptologie est constituée par les mesures techniques permettant de protéger des informations grâce à un code ou une clé.

La loi pour la confiance dans l'économie numérique (LCEN) définit la cryptologie comme : « Tout matériel ou logiciel conçu ou modifié pour transformer des données, qu'il s'agisse d'informations ou de signaux, à l'aide de conventions secrètes ou pour réaliser l'opération inverse avec ou sans convention secrète. Ces moyens de cryptologie ont principalement pour objet de garantir la sécurité du stockage ou de la transmission de données, en permettant d'assurer leur confidentialité, leur authentification ou le contrôle de leur intégrité ».

La cryptologie a été libéralisée par la loi n° 96-659 du 26 juillet 1996 afin de permettre le commerce électronique. La LCEN est allée plus loin en instaurant :

- une liberté complète d'utilisation des moyens et des prestations de cryptologie (la LCEN dispose que l'usage de la cryptologie est libre) ;
- un nouveau régime pour l'importation, la fourniture et l'exportation des moyens de cryptologie.

1) Le régime de la déclaration

La fourniture de moyens de cryptologie peut être soumise à **déclaration** :

- si la cryptologie est utilisée à des fins autres que l'authentification ;
- si la fourniture de service vise un autre pays de l'Union européenne.

Une dispense de déclaration peut être mise en œuvre par décret lorsque le système n'intéresse pas la défense nationale ni la sécurité intérieure ou extérieure de la France.

2) Le régime de l'autorisation

La fourniture de service de cryptologie peut également être soumise à un régime d'**autorisation** lorsque :

- le système a un usage autre que des fonctions d'authentification et de contrôle ;
- le transfert ou l'exportation sont réalisés vers un État de l'Union européenne.

Le Premier ministre est compétent pour accorder l'autorisation.

Pour les exportations en dehors de l'Union européenne, un régime d'autorisation communautaire a été instauré.

La responsabilité civile des prestataires de services de cryptologie

92

L'article 32 de la loi pour la confiance dans l'économie numérique a retenu le principe de responsabilité pour faute au titre de l'activité de fournisseur de prestations de cryptologie à des fins de confidentialité, et ce en dépit de toute stipulation contractuelle, ainsi que pour les prestataires de services de certification électronique.

1) Le régime de responsabilité des prestataires de services de cryptologie

Les prestataires de services de cryptologie sont responsables du préjudice causé aux personnes leur confiant la gestion de leurs conventions secrètes en cas d'atteinte à l'intégrité, à la confidentialité et à la disponibilité des données transformées à l'aide de ces conventions.

En cas de difficulté, la faute du prestataire est présumée. La charge de la preuve étant inversée, le prestataire devra apporter la preuve de son innocence.

Le législateur a prévu des excuses à ces fautes :

- si aucune faute intentionnelle n'a été commise ;
- si aucune négligence n'a été commise.

2) Le régime de responsabilité des prestataires de services de certification électronique

Un régime spécial de responsabilité est prévu pour les **prestataires de services de certification électronique**.

Les prestataires de services de certification électronique sont responsables du préjudice subi par les personnes qui se sont raisonnablement fiées aux certificats présentés comme étant qualifiés. Ils engagent leur responsabilité dans les cas suivants :

- les informations contenues dans le certificat, à la date de sa délivrance, étaient inexactes ;
- les données prescrites pour que le certificat puisse être regardé comme qualifié étaient incomplètes ;
- la délivrance du certificat n'a pas donné lieu à la vérification que le signataire détient la convention privée correspondant à la convention publique de ce certificat ;
- les prestataires n'ont pas, le cas échéant, fait procéder à l'enregistrement de la révocation du certificat et tenu cette information à la disposition des tiers.

Les prestataires de services de certification électronique peuvent s'exonérer de leur responsabilité :

- lorsque l'usage du certificat dépasse les limites fixées à son utilisation ou à la valeur des transactions pour lesquelles il peut être utilisé ;
- sous la condition que ces limites figurent expressément dans le certificat et soient accessibles aux utilisateurs.

Les prestataires de services de certification électronique doivent justifier d'une garantie financière suffisante. La garantie doit être spécialement affectée au paiement des sommes qu'ils pourraient devoir aux personnes qui se fient raisonnablement aux certificats qualifiés. Les prestataires de services de certification électronique pourront aussi recourir à la conclusion d'une assurance garantissant les conséquences pécuniaires de leur responsabilité civile professionnelle.

93 La responsabilité administrative et pénale des prestataires de services de cryptologie

Les prestataires de services de cryptologie peuvent engager leurs responsabilités administrative et pénale.

1) La responsabilité administrative

Sur le plan **administratif**, le Premier ministre peut, après avoir offert la possibilité à l'intéressé de présenter ses observations, prononcer l'interdiction de mise en circulation du moyen de cryptologie concerné. L'interdiction est applicable sur tout le territoire.

Les prestataires de services de cryptologie devront en outre :

- retirer le système de cryptologie ayant fait l'objet de l'interdiction auprès des diffuseurs commerciaux ;
- retirer les matériels constituant des moyens de cryptologie dont la mise en circulation a été interdite et qui ont été acquis à titre onéreux, directement ou par l'intermédiaire de diffuseurs commerciaux.

Le moyen de cryptologie concerné pourra être remis en circulation dès que les obligations antérieurement non respectées auront été satisfaites.

2) La responsabilité pénale

Sur le plan **pénal**, seront sanctionnés :

- le fait de ne pas satisfaire à l'obligation de déclaration en cas de fourniture, de transfert, d'importation ou d'exportation d'un moyen de cryptologie, ou à l'obligation de communication au Premier ministre prévue par ce même article, est puni d'un an d'emprisonnement et de 15 000 euros d'amende ;
- le fait d'exporter un moyen de cryptologie ou de procéder à son transfert vers un État membre de la Communauté européenne sans avoir préalablement obtenu l'autorisation ou en dehors des conditions de cette autorisation, lorsqu'une telle autorisation est exigée, est puni de deux ans d'emprisonnement et de 30 000 euros d'amende ;
- le fait de vendre ou de louer un moyen de cryptologie ayant fait l'objet d'une interdiction administrative de mise en circulation en application de l'article 34 est puni de deux ans d'emprisonnement et de 30 000 euros d'amende ;
- le fait de fournir des prestations de cryptologie visant à assurer des fonctions de confidentialité sans avoir satisfait à l'obligation de déclaration prévue à l'article 31 est puni de deux ans d'emprisonnement et de 30 000 euros d'amende.

La loi pour la confiance dans l'économie numérique prévoit également des sanctions complémentaires :

- interdiction d'émettre des chèques autres que ceux qui permettent le retrait de fonds par le tireur auprès du tiré ou ceux qui sont certifiés, et d'utiliser des cartes de paiement ;
- confiscation de la chose qui a servi ou était destinée à commettre l'infraction ou de la chose qui en est le produit, à l'exception des objets susceptibles de restitution ;
- interdiction, pour une durée de cinq ans au plus, d'exercer une fonction publique ou d'exercer l'activité professionnelle ou sociale dans l'exercice ou à l'occasion de l'exercice dans laquelle l'infraction a été commise ;
- fermeture, pour une durée de cinq ans au plus, des établissements ou de l'un ou de plusieurs des établissements de l'entreprise ayant servi à commettre les faits incriminés ;
- exclusion, pour une durée de cinq ans au plus, des marchés publics.

Les personnes morales pourront également engager leur responsabilité pénale et encourir :

- une amende ;
- la dissolution de la personne morale ;
- l'interdiction d'exercer l'activité à l'occasion de laquelle la personne morale a été condamnée ;
- la fermeture définitive ou pour une durée maximale de cinq ans des établissements ;
- l'exclusion des marchés publics.

Les contrôles en matière de cryptologie

94

1) Les personnels compétents en matière de contrôle des services de cryptologie

La loi pour la confiance dans l'économie numérique prévoit expressément les personnels compétents aux fins de contrôler les prestataires de services de cryptologie :

- les officiers et agents de police judiciaire dans leurs domaines de compétence ;
- les agents des douanes ;
- les agents habilités par le Premier ministre et assermentés.

Ces personnels peuvent rechercher et constater par procès-verbal une infraction aux règles relatives à la cryptologie.

Les personnels autorisés, dans leurs fonctions de contrôle des moyens de cryptologie, peuvent, sous contrôle du procureur de la République :

- accéder aux moyens de transport, terrains ou locaux à usage professionnel, à l'exclusion des parties de ceux-ci affectées au domicile privé, en vue de rechercher et de constater les infractions ;
- demander la communication de tous les documents professionnels et en prendre copie ; recueillir, sur convocation ou sur place, les renseignements et justifications ;
- procéder à la saisie des moyens de cryptologie :
  - la saisie est conditionnée à l'autorisation judiciaire préalable du président du tribunal judiciaire ou d'un magistrat du siège délégué sur saisine du procureur de la République ;
  - les matériels et logiciels saisis sont immédiatement inventoriés ;
  - le président du tribunal judiciaire peut à tout moment, d'office ou à la demande de l'intéressé, prononcer la mainlevée de la mesure de saisie.

Les personnels ne peuvent accéder aux locaux que pendant les heures d'ouverture lorsque les locaux sont ouverts au public. À défaut, les personnels ne pourront intervenir qu'entre 8 heures et 20 heures.

2) Les peines applicables en cas d'opposition au déroulement de l'enquête

Si un obstacle est opposé au déroulement des enquêtes ou si un refus de fournir les informations ou documents afférents est opposé, les peines suivantes seront applicables :

- **personne physique :** une peine de six mois d'emprisonnement et de 7 500 euros d'amende ;
- **personne morale :** la peine d'amende est quintuplée à 37 500 euros.

Les autorités habilitées doivent, conformément aux dispositions de l'article 230-1 du Code de procédure pénale, se voir remettre les clés de déchiffrement au cours des opérations de police. L'obligation se limite aux services de cryptologie qui sont susceptibles d'avoir été utilisés pour commettre un délit.

95 La sécurité des systèmes d'information

1) Les peines principales en cas de violation de la sécurité des systèmes d'information

Plusieurs infractions à la sécurité des systèmes d'information sont prévues en droit français :

- **L'intrusion** : l'article 323-1 du Code pénal dispose que le fait d'accéder ou de se maintenir, frauduleusement, dans tout ou partie d'un système de traitement automatisé de données est puni de deux ans d'emprisonnement et de 60 000 euros d'amende. La peine est portée à cinq ans d'emprisonnement et 75 000 euros d'amende si les infractions ont été commises à l'encontre d'un système de traitement automatisé de données à caractère personnel mis en œuvre par l'État.
- **Le sabotage et les altérations** : l'article 323-1 du Code pénal dispose que lorsque l'intrusion a eu pour résultat soit la suppression ou la modification de données contenues dans le système, soit une altération du fonctionnement de ce système, la peine est de 100 000 euros. La peine est portée à cinq ans d'emprisonnement et 75 000 euros d'amende si les infractions ont été commises à l'encontre d'un système de traitement automatisé de données à caractère personnel mis en œuvre par l'État.
- **L'entrave au fonctionnement d'un système de traitement automatisé** : le fait d'entraver ou de fausser le fonctionnement d'un système de traitement automatisé de données est puni de cinq ans d'emprisonnement et de 150 000 euros d'amende. La peine est portée à sept ans d'emprisonnement et 300 000 euros d'amende si les infractions ont été commises à l'encontre d'un système de traitement automatisé de données à caractère personnel mis en œuvre par l'État.
- **L'introduction frauduleuse de données** : est puni le fait d'introduire frauduleusement des données dans un système de traitement automatisé, d'extraire, de détenir, de reproduire, de transmettre, de supprimer ou de modifier frauduleusement les données qu'il contient. Les sanctions sont fixées à cinq ans d'emprisonnement et 150 000 euros d'amende. La peine est portée à sept ans d'emprisonnement et 300 000 euros d'amende si les infractions ont été commises à l'encontre d'un système de traitement automatisé de données à caractère personnel mis en œuvre par l'État. L'article 323-3-1 du Code pénal punit des mêmes peines la fourniture de moyens informatiques destinée à commettre une infraction.
- **La participation à un groupement formé ou à une entente** : la participation à un groupement formé ou à une entente établie en vue de la préparation, caractérisée par un ou plusieurs faits matériels, de commettre une intrusion ou une fourniture de moyens informatiques destinés à commettre une infraction, est punie des peines prévues pour l'infraction elle-même ou pour l'infraction la plus sévèrement réprimée.

Les personnes morales peuvent être condamnées au quintuple des peines d'amende prévues pour les personnes physiques.

2) Les peines complémentaires en cas de violation de la sécurité des systèmes d'information

Des **peines complémentaires** suivantes peuvent être prononcées :

- privation des droits civiques, civils et de famille pour une durée de cinq ans au plus ;
- confiscation de la chose qui a servi ou était destinée à commettre l'infraction, ou de la chose qui en est le produit ;
- fermeture pour une durée de cinq ans au plus des établissements ou de l'un ou de plusieurs des établissements de l'entreprise ayant servi à commettre les faits incriminés ;
- exclusion pour une durée de cinq ans au plus des marchés publics ;
- interdiction pour une durée de cinq ans au plus d'émettre des chèques autres que ceux qui permettent le retrait de fonds auprès du tiré ou ceux qui sont certifiés ;
- affichage ou diffusion de la décision prononcée.

96 Les services financiers en ligne

La directive 200/65/CE vise à renforcer la confiance des consommateurs dans les services financiers en ligne. Elle s'applique aux contrats d'assurance ainsi qu'à tous les services financiers, c'est-à-dire tout service ayant trait à la banque, au crédit, à l'assurance, aux retraites individuelles, aux investissements et aux paiements à distance.

Le premier critère d'application de la directive réside dans le fait que les parties doivent conclure un **contrat à distance**. Le contrat peut être conclu par signature électronique, par envoi de courrier, de télécopie, de courriel, voire oralement.

Le champ d'application de la directive se limite aux **relations de consommation**. Le consommateur est désigné comme toute personne physique agissant à des fins qui n'entrent pas dans le cadre de son activité commerciale, industrielle, artisanale, libérale ou agricole.

1) L'information contractuelle

Le consommateur doit recevoir des informations avant la conclusion du contrat :

- l'identité, l'adresse, le numéro d'enregistrement au registre du commerce du fournisseur du service financier ;
- les caractéristiques principales du produit ainsi que le prix total pour le consommateur ;
- les droits et obligations découlant du contrat ;
- la durée du contrat ;
- la langue du contrat ;
- la loi applicable au contrat ainsi que la juridiction compétente ;
- les voies de recours extrajudiciaires ainsi que les mécanismes d'indemnisation.

Un manquement à ces obligations d'information peut conduire à des sanctions pénales et engager la responsabilité civile du fournisseur au titre du préjudice subi et éventuellement entraîner la nullité du contrat.

Le fournisseur devra communiquer au consommateur, sur papier ou autre support durable accessible, les conditions contractuelles du service financier.

2) Le délai de rétractation du consommateur

Le consommateur a un droit de rétractation qui doit être mentionné dans le contrat ou dans les conditions générales de vente. Le délai de rétractation est de quatorze jours pour les contrats à distance. Le délai est porté à trente jours pour l'assurance vie ainsi que pour les opérations portant sur les retraites individuelles. Le délai commence à courir à compter de la conclusion du contrat par le consommateur ou au jour de la réception des conditions contractuelles et des informations légales. Lorsque le consommateur exerce son droit au retrait, le commerçant doit le rembourser dans un délai de trente jours – pourra être déduit de la somme remboursée le service rendu à proportion de ce qu'aura reçu le consommateur. Ce dernier doit rendre les produits dans un délai de trente jours.

Le délai de rétractation ne s'applique cependant pas :

- aux services financiers, dont le prix dépend de fluctuations du marché financier sur lesquelles le fournisseur n'a aucune influence et qui sont susceptibles de se produire pendant le délai de rétractation – il en va ainsi de la vente de titres et de remises ;
- aux polices d'assurance à court terme (moins d'un mois) comme les assurances de voyages.

L'ambition de la directive était d'harmoniser les services financiers en ligne vers le mieux-disant et, ainsi, d'assurer un haut niveau de protection des consommateurs. Cela a ainsi impliqué une forte harmonisation des réglementations des États membres de l'Union européenne.

97 La *blockchain* et les jetons non fongibles (NFT)

1) La *blockchain*

La *blockchain* constitue une technologie de stockage et de transmission d'informations. Elle se veut transparente, sécurisée et décentralisée. Une *blockchain* maintient la mémoire de tous les échanges effectués entre les utilisateurs depuis sa création grâce à son système d'enregistrement des données produites en continu, sous forme de blocs liés les uns aux autres dans l'ordre chronologique de leur validation, chacun des blocs et leur séquence étant protégés contre toute modification. Chaque utilisateur peut contrôler la validité de la chaîne. La première *blockchain* est apparue avec le bitcoin en 2008. Depuis, les cryptomonnaies ont été intégrées dans la catégorie des actifs numériques par la loi du 22 mai 2019 dite PACTE.

A. Les éléments constituant la *blockchain*

La *blockchain* est par conséquent composée :

- d'une base de données : y sont enregistrées toutes les données pertinentes comme les informations sur les produits ou services proposés ;
- d'une distribution en pair-à-pair : les données sont réparties entre les différentes machines participant à la *blokchain* ;
- d'un système de consensus et de validation : l'information est soumise à validation par un système dit de minage qui est ouvert à tous. Les transactions sont regroupées par blocs qui sont validés par les nœuds du réseau (dits mineurs) selon des techniques variables. Le contrôle est dédié à des « mineurs » qui pourront engager leur responsabilité délictuelle (c'est-à-dire extracontractuelle) vis-à-vis des cocontractants utilisant la *blockchain*, et notamment la responsabilité du fait des choses (donc sans faute de la part du mineur) qui pourrait être engagée dès qu'un utilisateur de la *blockchain* subirait un préjudice pour une erreur dans le fonctionnement du système.

Cette capacité de la *blockchain* à ne pas oublier en fait un excellent outil probatoire, et ce d'autant plus que le Code civil n'est plus opposé à la preuve numérique. Les titres financiers et leurs transferts peuvent être prouvés par un mécanisme de *blockchain* (article L. 211-7 du Code monétaire et financier). La *blockchain* permet de tracer les transactions et ainsi de lutter contre la vente de contrefaçons et d'œuvres d'art volées. Elle assure *a priori* un meilleur suivi des œuvres et devrait permettre de lutter contre la circulation des faux et rassurer les acheteurs sur l'authenticité de l'œuvre achetée.

Les utilisateurs d'une *blockchain* devront être attentifs au respect des données personnelles qui pourraient circuler sur le réseau. Une *blockchain* est éclatée entre plusieurs pays, voire continents, mais des éléments de rattachements à l'Union européenne peuvent rendre le RGPD applicable.

Une entreprise souhaitant développer un nouveau réseau de *blockchain* devra être attentive au droit d'auteur tel qu'il s'applique aux logiciels. En effet, la *blockchain* étant notamment constituée d'un logiciel il sera nécessaire de ne pas reproduire les éléments protégés dans le code du nouveau logiciel. Il en ira de même pour l'interface qui ne pourra pas reprendre sans autorisation des éléments originaux créés par des tiers.

Les mineurs perçoivent des rémunérations et sont parfois même rémunérés en cryptomonnaie. Ils doivent à ce titre déclarer leurs revenus conformément aux dispositions de l'article 150 VH bis du Code général des impôts qui encadre les plus-values issues d'actifs numériques. Les plus-values restent exonérées si elles ne dépassent pas 305 euros. Au-delà, la plus-value est soumise à une imposition à hauteur de 12,8 % ainsi qu'à des prélèvements sociaux.

B. Les *smart contracts*

La *blockchain* a permis l'émergence de ce qu'il est convenu d'appeler les contrats intelligents (ou *smart contracts*). Les contrats intelligents sont des programmes informatiques irrévocables ayant généralement recours à la technologie de la *blockchain*. L'idée des contrats intelligents est d'assurer la force obligatoire des contrats non pas – *a priori* – par le droit, mais par le code informatique (si telle condition est remplie alors le contrat est exécuté). Certains affirment que les contrats intelligents permettent de s'affranchir des lois étatiques et que la règle réside dans le code (« *Code is law* »). Cette affirmation est on ne peut plus éloignée de la réalité étant donné que le règlement Rome I précise qu'un contrat doit être rattaché à la loi d'un État. Un contrat ne peut être régi par des règles autres que des règles étatiques. La *blockchain* propose un système de conclusion de contrat sans intermédiaires – rendus inutiles par la capacité de la *blockchain* à suivre les transactions. La plate-forme ferait ainsi office de tiers de confiance automatisé. Les contrats intelligents permettent d'automatiser les étapes déclaratives. L'automatisation permet de déclencher les étapes du contrat comme le paiement ou l'indemnisation.

La technologie du *smart contract* n'est pas aussi « disruptive » que certains le prétendent. Le recours au tiers de confiance – appelé oracle – est omniprésent et le contrat intelligent ne peut faire l'économie des règles du droit des contrats comme le consentement et la formation du contrat. La confiance réside dans la détention collective d'information et dans l'impossibilité pour le contractant de modifier le contrat par une initiative unilatérale.

Une fois signé, le contrat intelligent est horodaté, crypté et inscrit sur la *blockchain* en tant que partie d'une série de transactions appelée « bloc ». Les blocs doivent être validés par les membres du réseau avant de rejoindre la chaîne des blocs déjà validés. Chaque bloc est ainsi lié au bloc précédent, rendant quasiment impossible la modification des informations contenues. L'historique des transactions approuvées est accessible à tous les membres du réseau et toute personne connaissant le code source peut y accéder et contrôler la bonne exécution du contrat.

Afin de fonctionner, le contrat intelligent doit respecter les fondements du droit des contrats, à savoir :

- donner l'identité des parties ;
- indiquer l'objet sur lequel porte le contrat ;
- mentionner les éléments nécessaires à la formation du consentement des parties ;
- éventuellement la procédure de double-clic si le contrat est conclu en ligne entre un professionnel et un consommateur ou, dans les autres cas, une signature électronique.

2) Les jetons non fongibles (NFT)

Les jetons non fongibles (ou *non fungible tokens* – NFT) sont nés en 2017 dans le domaine du jeu vidéo avec notamment le jeu « *CryptoKitties* ».

Les jetons non fongibles se sont considérablement développés au tournant des années 2020, créant un marché estimé à plusieurs centaines de millions d'euros et en forte croissance. Néanmoins, aucune règlementation spéciale ne leur est applicable.

A. La nature juridique du jeton

Le droit français reste prisonnier d'une dichotomie établie par le juriste Gaius au IIe siècle de notre ère entre les choses corporelles et les choses incorporelles. Le juriste romain conclut à l'époque que les choses incorporelles n'existent pas et que seuls les droits peuvent être incorporels. Les travaux préparatoires au Code civil de 1804 ont reconnu la notion de biens incorporels. Un bien corporel est aujourd'hui un objet de droit indépendamment de la nature des droits qu'ils représentent.

L'Internet a ouvert l'incorporel au virtuel.

Ce que l'on appelle la « tokenisation » est en fait la transformation d'un actif en « *token* ». Ce mouvement s'est immiscé dans la sphère du droit.

Les jetons sont à inclure dans la catégorie des actifs numériques au sens de l'article L.552-2 du Code monétaire et financier. Les NFT ont de nombreuses applications dans de nombreux domaines.

B. L'art numérique

De plus en plus d'œuvres sont vendues sous la forme de NFT. Le NFT se trouve stocké dans une *blockchain* contenant un code d'identification garantissant sa provenance. Cela permet d'introduire l'authenticité et l'unicité d'une œuvre qui est pourtant numérique et donc *a priori* faite pour être reproduite.

Le caractère numérique de l'œuvre n'a aucune incidence sur la protection dès lors que la création est originale. Le support numérique n'aura pas non plus de conséquence sur les règles applicables et notamment sur le droit de suite. Le droit de suite est le droit pour l'auteur et ses héritiers de percevoir une rémunération à chaque vente d'une œuvre originale graphique et plastique (notamment un tableau). L'œuvre numérique en NFT permet même d'inclure la règle stipulant que l'auteur percevra un pourcentage sur le produit de chaque revente ultérieure. À ce titre, l'artiste BEEPEL perçoit une commission de 10 % sur chaque revente de son œuvre « *The first 5000 days* ».

C. Les jetons comme bons de caisse

Lorsque les bons de caisse font l'objet d'une intermédiation, ils sont appelés « minis-bons ». Les bons de caisse sont des titres nominatifs et non négociables, comportant engagement par un commerçant de payer à échéance déterminée, délivrés en contrepartie d'un prix (article L.223-1 du Code monétaire et financier). Le bon de caisse est une reconnaissance de dette dont la cause n'est pas exprimée.

Les NFT sont donc reconnus comme des outils d'émission de circulation d'instrument de dette. Ce soutien des pouvoirs publics vise à encourager le financement alternatif et participatif de l'innovation et ainsi faciliter les conditions de création d'entreprise.

D. L'authentification de la chose

Dans le cadre d'une vente ou d'une cession, le vendeur est tenu d'une obligation de délivrance conformément aux dispositions de l'article 1604 du Code civil. Si le contrat prévoit que l'obligation de délivrance porte sur une chose spécifiée et originale alors le NFT permettra de s'en assurer plus facilement. Le NFT sert par conséquent d'instrument probatoire. Cela pourrait même avoir pour effet d'écarter l'intérêt de recourir à un expert en art afin d'authentifier une œuvre dès lors que le NFT en sera garant.

E. NFT et droits personnels

Les NFT ont pu être utilisés comme accessoires de droit personnel.

À titre d'exemple, la joueuse de tennis Oleksandra Oliynykova a mis aux enchères une partie de son bras contre le droit (pouvant être vendu à des tiers), sans limitation de durée, de faire tatouer cette parcelle. Le NFT octroie ainsi à son titulaire un droit sur la personne de l'émetteur du NFT.

Ce schéma est pour le moins surprenant et il n'est pas certain qu'il soit considéré comme légal en droit français. En effet, l'article 16-1 du Code civil interdit la patrimonialisation du corps humain et, par conséquent, toute transaction portant directement sur un élément du corps humain serait nulle pour violation de l'article 1162 du Code civil.

98 Création et intelligence artificielle

La notion d'intelligence artificielle suscite de nombreux fantasmes largement entretenus par les films de science-fiction. À titre liminaire, il sera rappelé que la définition de l'intelligence laisse encore les chercheurs perplexes : qu'est-ce que l'intelligence ?

À défaut de définition claire de ce que constitue l'intelligence, il est impossible de rendre une machine intelligente. Tout au plus une machine peut-elle calculer plus rapidement qu'un être humain. Certaines machines commencent à apprendre par elles-mêmes (il s'agit de l'apprentissage automatique). Le manque d'intelligence des machines va avoir des conséquences juridiques.

1) Intelligence artificielle et droit d'auteur

Des peintres robots ont déjà créé plusieurs œuvres (notamment e-David, Ai-Da, etc.).

En matière de droit d'auteur, nous rappelons que le critère de protection est l'originalité (le droit français parle d'empreinte de la personnalité de l'auteur). Ce critère apparaît incompatible avec le contenu d'une intelligence artificielle. La Cour suprême australienne dans l'affaire Telstra a refusé le bénéfice du droit d'auteur à une base de données constituée par un robot (une base de données originale peut être protégée par le droit d'auteur). Nous pouvons raisonnablement gager que la même solution serait retenue en France.

Certains auteurs ont proposé d'octroyer des droits au concepteur de l'intelligence artificielle, ou à l'utilisateur de l'intelligence artificielle, voire de créer un régime propre. Cependant, en l'absence de dispositions prises par le législateur, il conviendra de recourir aux outils de droit commun, à savoir :

- le contrat, afin d'encadrer l'usage de la création d'une intelligence artificielle ;
- le secret des affaires ;
- la concurrence déloyale ou parasitaire.

2) Intelligence artificielle et brevet

Les conditions de dépôt d'un brevet ont un caractère objectif :

- application industrielle ;
- nouveauté ;
- activité inventive.

Ces conditions n'imposent pas la démonstration de la personnalité de l'inventeur. Les systèmes d'intelligence artificielle ont une capacité à exploiter un nombre considérable de données leur permettant d'explorer des champs jusque-là inaccessibles aux humains. Ainsi, l'intelligence artificielle peut proposer des solutions nouvelles et innovantes susceptibles d'être protégées par le droit des brevets. L'intelligence artificielle permet au chercheur d'effectuer dans un délai rapide des millions de tests biologiques ou pharmacologiques et, ainsi, d'identifier les composants prometteurs pour un futur médicament (comme le robot Eve l'a fait pour la malaria). Il est par conséquent concevable que le propriétaire d'un outil d'intelligence artificielle puisse déposer un brevet obtenu en tout ou partie grâce à l'IA.

3) Intelligence artificielle et justice

La justice a longtemps été réfractaire à l'intelligence artificielle car elle y a vu l'antithèse de la philosophie d'individualisation qui doit guider le juge. L'intelligence artificielle devrait néanmoins présenter les avantages suivants :

- la sécurité juridique : les décisions judiciaires devraient ainsi être rationalisées en luttant contre les présupposés du juge ;
- l'aide à la décision : l'intelligence artificielle peut aider les juges à prendre des décisions en prenant en compte toutes les caractéristiques d'une situation donnée et en fournissant des données juridiques complètes ;
- l'accélération du traitement des dossiers : l'intelligence artificielle devrait permettre d'accélérer notamment le contentieux de masse ;
- l'amélioration de la prévisibilité de la réponse judiciaire.

4) Intelligence artificielle et santé

Si l'intelligence artificielle est intégrée à un dispositif médical ou à un produit de santé, elle sera soumise aux contrôles applicables en matière de mise sur le marché des produits de santé. Dans les établissements de santé, la supervision peut s'exercer avec les collèges de garantie humaine qui associent des médecins, des professionnels paramédicaux et des représentants des usagers.

99 La responsabilité des véhicules autonomes

Des essais se multiplient afin de mettre au point des voitures, camions et avions autonomes qui pourraient effectuer des trajets sans contrôle humain. De façon sans doute peu intuitive, les réglementations introduites dès les années 1980 s'appliquent sans difficulté aux véhicules autonomes.

1) La responsabilité pour les véhicules terrestres à moteur

Des essais concluants ont déjà eu lieu avec des voitures intelligentes ayant notamment permis à des personnes atteintes de cécité de se déplacer de façon indépendante. Bien qu'elles présentent déjà des garanties de sécurité élevées, il ne fait aucun doute que l'augmentation de leur nombre aura pour conséquence de causer des accidents de la circulation. La loi relative aux accidents de la route aura ainsi vocation à s'appliquer.

La loi du 5 juillet 1985, dite Badinter, s'applique aux véhicules terrestres à moteur (VTM). Les VTM sont constitués par tout véhicule sur roues se déplaçant grâce à un moteur. Les voitures, les scooters ainsi que les camions sont par conséquent inclus dans cette catégorie. Il en ira de même pour les voitures, les scooters ainsi que les camions autonomes.

La loi Badinter a vocation à s'appliquer dès lors qu'un accident de la circulation survient en France et implique au moins un VTM. **Elle ne concerne que les accidents involontaires** et ne s'applique pas en cas de dommage causé volontairement. L'objectif est par conséquent d'indemniser les victimes d'accident indépendamment d'une volonté de causer un dommage. La loi devrait ainsi s'appliquer aux dommages causés par les robots qui ne pourront pas causer sciemment de préjudice.

Cependant, ne disposant pas de patrimoine propre à cause de leur absence de personnalité juridique, il sera nécessaire de solliciter **l'indemnisation de l'assurance du propriétaire de la voiture intelligente** qui est présumé en être le gardien. Cette particularité ne posera pas de problèmes particuliers dans la mesure où la jurisprudence distingue déjà entre le gardien de la voiture (c'est-à-dire son propriétaire) et le conducteur.

L'absence de conducteur humain ne fera pas obstacle à l'application de la loi Badinter dans la mesure où elle a déjà été opposée au propriétaire d'une voiture impliquée dans un dommage alors que personne n'était présent à bord. La voiture intelligente n'a qu'à être impliquée, même de façon passive, dans un accident de la circulation pour que la loi Badinter s'applique. Ainsi, même si la conduite en soi n'est pas à l'origine de l'accident, mais qu'il s'agit d'un jet de pierre ou de graviers, la loi s'appliquera et l'assurance du propriétaire couvrira le préjudice causé. Cette ouverture de la loi Badinter permet ainsi d'inclure les accidents dans lesquels sont impliquées les voitures intelligentes.

Le gardien devra par conséquent indemniser les préjudices physiques. Le propriétaire devra en outre indemniser les dommages aux biens sans que la force majeure ni la faute d'un tiers ne soient opposables.

La loi Badinter permet néanmoins au gardien de s'exonérer en cas de faute inexcusable de la victime (notion rarement retenue par les juges : a été qualifié de faute inexcusable le fait de traverser, de nuit, une voie rapide dont l'accès est interdit par des rambardes). Dans le cadre d'un accident entre une voiture pilotée et une voiture intelligente, ce motif d'exonération pourra avoir vocation à s'appliquer contre le conducteur de la voiture pilotée. Il ne pourra être opposé lors d'un accident entre deux voitures intelligentes car il sera impossible d'apporter la preuve de l'existence de la faute inexcusable d'une machine. En effet, le second fondement d'exonération, à savoir la recherche volontaire du dommage, n'aura pas vocation à être opposé aux voitures intelligentes qui ne pourront rechercher volontairement le dommage.

Le régime des accidents de la circulation impliquant des voitures intelligentes permettra par conséquent une meilleure indemnisation des victimes que dans les hypothèses impliquant des voitures pilotées. En effet, **la distinction entre les passagers et le conducteur n'aura plus lieu de s'appliquer car il ne pourra être reproché au chauffeur d'avoir commis une faute à l'origine de son dommage** étant donné qu'il ne sera pas aux commandes. La voiture ne pourra pas commettre de faute, car les règles du Code de la route ne laissent pas de marge d'appréciation et relèvent d'une appréciation mathématique de l'environnement. Les accidents qui surviendront ne pourront être que le fruit de conditions de circulation difficiles, notamment dues à des situations météorologiques compliquées.

Les accidents impliquant des voitures intelligentes présenteront en outre l'avantage de communiquer plus rapidement, voire en temps réel, les informations concernant l'accident à l'assureur. Cette rapidité permettra d'accélérer les délais d'offre d'indemnisation des assureurs et renforcera l'objectif indemnitaire qui est à la base de la loi de 1985. La logique indemnitaire est partagée par le régime applicable aux accidents survenus à bord d'un aéronef.

2) La responsabilité pour les aéronefs

Le programme européen Innovative Future Air Transport System vise à développer des robots capables de piloter des aéronefs et l'avionneur BAE a déjà réussi à faire voler un jet sans intervention humaine.

Le règlement n° 889/2002 du Parlement européen et du Conseil (directement applicable en droit français) a adopté une définition large du transporteur aérien en le définissant comme « une entreprise de transport aérien titulaire d'une licence d'exploitation valable ». La responsabilité des accidents aériens sera donc recherchée chez l'entreprise qui a organisé le vol sans considération de la qualité des pilotes, qui pourront donc être humains ou robotiques.

En cas d'accident, le transporteur aérien sera tenu d'indemniser les victimes en deux temps. Tout d'abord, une mesure d'urgence doit permettre de faire face aux besoins immédiats des victimes. Elle oblige le transporteur aérien à verser une avance aux personnes physiques ayant droit à une indemnisation dans un délai de quinze jours à partir de leur identification. Cette avance ne peut être inférieure à 16 000 droits de tirage spécial (DTS) – soit environ 19 659 euros en juin 2020 – par passager en cas de décès.

Dans un second temps, le transporteur aérien devra indemniser l'intégralité du préjudice subi par les victimes. Le régime est particulièrement protecteur des passagers en ce qu'il interdit aux transporteurs aériens de saisir un juge afin de contester une demande d'indemnisation en cas de décès ou de blessure à hauteur de 113 100 DTS (environ 138 969 euros en juin 2020) depuis la révision de la convention de Montréal le 30 décembre 2009 à laquelle l'Union européenne a adhéré. Néanmoins, au-delà de ce montant, le transporteur aérien pourra apporter la preuve qu'il n'a pas été négligent ou qu'il n'a commis aucune faute. Cela lui permettra de s'exonérer du paiement des dommages et intérêts restants.

Les préjudices matériels sont également indemnisés. Il en ira ainsi notamment lorsqu'un avion, qu'il soit conduit par un pilote humain ou par un robot, s'écrase en détruisant les bagages des passagers ou les colis transportés. Le transporteur aérien sera tenu d'indemniser les propriétaires à concurrence de 1 131 DTS (environ 1 390 euros en juin 2020) par passager, même en cas d'absence de faute de sa part. Le règlement a pris en compte les hypothèses où les colis transportés présentent une grande valeur et permet ainsi aux passagers d'effectuer une déclaration spéciale en ce sens, au plus tard au moment de l'enregistrement et moyennant le paiement d'une redevance supplémentaire. Le seul moyen pour le transporteur aérien de s'exonérer consiste à apporter la preuve que le bagage était défectueux. Cependant, le législateur européen a enfermé le délai de réclamation dans une durée de sept jours à partir de la date du dommage.

Ce régime souffre d'une seconde limitation quant à son champ d'application. Il est en effet limité aux transports, qui sont définis comme le fait d'emmener une personne ou un bien d'un endroit à un autre. Seront ainsi exclus les vols effectués dans le cadre de meetings aériens ou de découverte dès lors que l'avion décolle et atterrit dans le même aéroport. Dans ce cas, **lorsque l'avion sera piloté par un robot, la responsabilité de la personne ayant renseigné les détails du vol sera engagée** dans la mesure où elle avait la direction, l'usage et le contrôle de la chose. En outre, il n'y aura pas transfert de garde tant qu'un tiers à la personne ayant renseigné les informations du vol n'aura pas reçu les moyens d'éviter que l'aéronef ne cause un préjudice.

Conseils pratiques

Le régime de responsabilité des véhicules terrestres à moteur ainsi que des aéronefs est intégralement englobé dans une solution assurantielle. Il convient par conséquent de s'intéresser aux contrats d'assurance avec la plus grande attention et prudence.

Le *crowdfunding* 100

1) Le régime de droit commun du *crowdfunding*

Le *crowdfunding* – ou financement participatif – permet de lever des fonds par dons, prêts ou prise d'actions ou de parts dans une société. Il permet d'éviter de recourir aux établissements bancaires. Certains ont à ce titre parlé d'ubérisation du crédit.

La réglementation du financement participatif (ou *crowdfunding*) reste à ce jour nationale malgré l'entrée en vigueur progressive dans le courant de l'année 2021 d'un régime européen harmonisé.

Les plates-formes de financement participatif sont soumises à des règles de bonne conduite. Elles doivent donner les moyens aux utilisateurs de les contacter, avertir des risques financiers, permettre aux clients d'auto-évaluer leurs connaissances financières, voire de les conseiller si la plate-forme propose plusieurs services (prêt sous différentes formes, dons). Les plates-formes doivent être transparentes sur leurs conditions de rémunération. Elles doivent prévenir les conflits d'intérêts.

Le droit français impose des plafonds d'investissement. Les prêts avec intérêts sont limités à 2000 euros par projet. Les prêts sans intérêts peuvent être portés à 5000 euros. La durée des crédits est limitée à sept ans.

Le secteur reste réglementé et, à ce titre, les acteurs du financement participatif se voient appliquer un régime juridique spécial. L'intermédiaire en financement participatif ne peut exercer d'autres activités, il doit être immatriculé sur le même registre que celui prévu pour les intermédiaires en opération de banque et en services de paiement (sous le contrôle de la Banque de France). Les personnes physiques gérant un établissement de financement participatif doivent remplir les conditions d'honorabilité et de compétence professionnelle. L'établissement doit souscrire un contrat d'assurance.

Le *crowdfunding* peut avoir recours à la technologie de la *blockchain*. Ainsi, l'émission et la cession de mini-bons peuvent être inscrites dans un dispositif d'enregistrement électronique de type *blockchain*. Cela devrait participer du renforcement de la confiance.

Le *crowdfunding* permet de lever des fonds auprès de particuliers sans contracter d'emprunt auprès d'un établissement bancaire. Le *crowdfunding* fait désormais l'objet au sein de l'Union européenne d'un régime uniformisé qui entrera en vigueur dans le courant de l'année 2021.

2) Le régime de *European crowdfunding service providers*

A ainsi émergé le statut de *European crowdfunding service provider*. Cela va permettre à une plate-forme de *crowdfunding* de proposer ses services sur tout le territoire de l'Union européenne après avoir obtenu un agrément dans un État.

Les investisseurs bénéficient désormais d'une protection renforcée. Est désormais effectuée une distinction entre les investisseurs sophistiqués et non sophistiqués. Ces derniers bénéficient d'un niveau d'information et de protection plus élevé. Les investisseurs non sophistiqués sont soumis à un test de connaissance, sont alertés sur les risques qu'ils devront accepter explicitement afin de proposer un financement. Ils ne pourront pas investir plus de 1 000 euros sur un projet ou 5 % de leurs actifs. Ils bénéficieront en outre d'un délai de rétractation de quatre jours.

Les plates-formes devront publier un document d'information au moins sept jours avant la mise en ligne d'un projet. Le montant maximum de collecte sera plafonné à 5 millions d'euros.

numérique
Impression & brochage - France
Numéro d'impression : N10807220343 - Achevé d'imprimer : juin 2022
Dépôt légal : juin 2022
IMPRIM'VERT®
PEFC™ 10-31-3532 / Certifié PEFC / Ce produit est issu de forêts gérées durablement et de sources contrôlées. / pefc-france.org